班主任金点子

38个微创意让你轻松带班

吴小霞

著

长江出版传媒　长江文艺出版社

图书在版编目（CIP）数据

班主任金点子：38个微创意让你轻松带班 / 吴小霞
著. -- 武汉：长江文艺出版社，2021.9（2024.1重印）
（大教育书系）
ISBN 978-7-5702-2019-9

Ⅰ. ①班… Ⅱ. ①吴… Ⅲ. ①中小学－班主任工作
Ⅳ. ①G635.16

中国版本图书馆CIP数据核字（2021）第043805号

班主任金点子
BANZHUREN JINDIANZI

责任编辑：马　蓓　　　　　　　　责任校对：毛季慧
封面设计：天行健设计　　　　　　责任印制：邱　莉　王光兴

出版：长江出版传媒 | 长江文艺出版社
地址：武汉市雄楚大街268号　　　　邮编：430070
发行：长江文艺出版社
http://www.cjlap.com
印刷：武汉中科兴业印务有限公司

开本：720毫米×970毫米　　　1/16　　印张：17.25　　　插页：1页
版次：2021年9月第1版　　　　　2024年1月第3次印刷
字数：238千字

定价：42.00元

目　录

第六章　班级活动：活力就在活动中

第七章　阅读活动：阅读是最好的名片

第八章　期末复习：点燃期末一把火

第一章

习惯教育：习惯决定命运

1. 早上精神萎靡
——"精神抖擞"魔法行动

▲ 活动背景

冬天来了，有的同学开始贪睡，早上喜欢赖床，整天都是昏昏欲睡的样子，萎靡不振，学习没有劲头，做任何事都提不起兴趣。如何改变孩子们的精神状态呢？我们从早起开始做起。

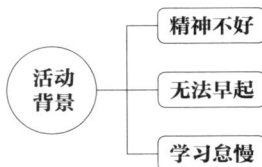

活动背景 —— 精神不好
活动背景 —— 无法早起
活动背景 —— 学习怠慢

▲ 活动过程

一、明早起好处——早起"迷魂汤"

有的同学由于无法早起，导致早上迟到，那么我先得给孩子们灌点"早起好处迷魂汤"。

我问同学们："同学们，知道早起有什么好处吗？"

"可以让自己精神更好。"

"让自己整天更轻松。"

"早起何止你们说的这点好处。早起能实现一个人的逆袭。你精神不好，可以让你精神饱满；你暂时懒惰，可以让你变得勤快。长期坚持，可以让你的学习变积极，成绩变优异呢！"

"哇，真是这样的吗？我也想试一试。"有的同学开始跃跃欲试。

"我们早起的好处，远远不止这些，你坚持一个月，养成习惯后，想自己不成功都不可能。"孩子们听得睁大了眼睛。

看来大家的胃口已经被吊起来，我赶忙"端"出我提前根据网络资料进行整理的"早起迷魂汤"。

早起的好处：

1. 有充足的时间做计划。

   因为提前计划，可以为自己开启掌控模式。

2. 有完美的独处时间。

   因为早上家人还没有起来，你可以不受任何干扰。

3. 持续高质量的睡眠状态。

   因为要早起，就需要早睡，就需要睡眠效率更高。

4. 保持旺盛的精力和乐观的心态。

   早起的人睡眠质量高，自然精力旺盛，心情舒畅。

5. 更强大的专注力。

   早上自己是唯一醒来的人，你会无视周围的一切。

6. 具有清晰的思维。

   早上精力充沛，所以思维敏捷而清晰，自然会更有创造性。

7. 健康迷人的体魄。

   早上吃健康的早餐，就能让自己的身材更好。

8. 能够保持高效能。

   提前早起，把重要的事情放在早上做，一整天高效能。

9. 更能达成宏伟目标。

   每天把最有价值的事情放在早上做，就能实现自己的宏伟目标。

10. 加入了成功人士的行列。

很多成功的人士都是早上起得比较早的人。长期坚持，就能让自己也变成成功人士。

"啊，早起这么多好处，我要试一试。"同学们当即表示。

"但是，你需要坚持一个月，养成习惯才能成功。"我继续灌着"迷魂汤"。

教育的一个重要作用就是激发，激发他的好奇心，激发他的内在兴趣。

二、析颓唐原因——阿 Q 精神胜利法

我问同学们："我们早上精神不好的原因是什么？我们进一步探索。"我继续说，"你们一般晚上睡觉的时候怎么想的？"

"我晚上总是对自己说：'快点睡着，不然明天又会打瞌睡。'"有孩子回答。

"千万别失眠啊，不然明天精神不好。"

"我怎么还是睡不着，怎么办？"孩子们七嘴八舌议论开来。

"哈哈哈，我们怎么喜欢从消极的方面暗示自己呢？同学们，有一种'倒霉定律'叫'墨菲定律'，就是越担心什么，就越会发生什么。"孩子们怔怔地看着我。

"所以一个人重要的不是睡了多久，而是以为自己睡了多久。也就是说一个人的积极暗示非常重要。"我顿了顿，接着说，"我们早上醒来的感受不是单纯地取决于自己睡眠时间的长短，而是受到自我暗示的影响。比如你认为自己需要 8 个小时睡眠才能休息充分，你要是只睡了 6 个小时，那么你会告诉自己：'天啊，明天我会犯困的。'这像一个预言一样，在告诉自己明天会疲惫不堪，这样你就会觉得头重脚轻，四肢无力。"

"哦。"孩子们仿佛若有所悟。

"所以不管是睡 9 个小时，8 个小时，7 个小时，只要睡前积极暗示，晚上就能得到充足的睡眠，第二天醒来就会精神焕发。"

"老师，真的这么灵吗？"有的同学表示怀疑。

"有没有用，你自己试试就知道了啊。"我眨眨眼睛，俏皮地说。

三、试五步行动——防赖床葵花宝典

于是，我给出绝招："同学们，明天早上要不要试一试我们的'防赖床葵花宝典'啊？"我故意卖着关子。

"老师，你快说，我正愁每天赖床呢，每天爸爸叫我烦死了，我自己起不来也烦死了。"舒林嘟囔着嘴说。

"好，大家一定要记得认真执行才有效哟。记得按以下五步行动。"此时孩子们可谓是全神贯注、聚精会神。

"第一步，早睡积极暗示法。要记得早睡，并且睡前给自己一个积极的暗示，我一定要早起，我会精神百倍。第二步，睁眼弹跳法。早上一睁开眼睛，就弹跳起来，强迫自己离开被窝，告诉自己，我必须马上离开被窝。"我把语气放得更慢。

"第三步，冷水洗脸法。如果自己还是不清醒，就直接用冷水洗脸，强迫自己清醒了。第四步，马上洗漱法。如果自己还是不清醒，直接进洗手间，刷牙，梳头，进入早上整理模式。第五步，立马做事法。马上着手做一件有意义的事情。"我故作神秘地说着。

"明天早上，我们试一试，看哪些同学能够早起。"

"好的！"大家纷纷表示赞同。

第二天，一大早，我问大家："今天早上，用了'防赖床葵花宝典'的同学有哪些？"啊，寥寥无几，我有些失望，但还是不动声色，这完全是意料之中，毕竟刚刚开始，孩子们有惰性是正常的，我数了数，65个孩子里还是有七八个孩子起来了。

我继续问成功起床的同学："今天早上你们是怎么起来的？"

"老师，我把闹铃放到离自己远一点的地方，这样就没有机会摁下，就用'弹跳法'起来了。"锦瑞说。

"老师，我就是头一天晚上，积极暗示：我要起床，然后早上一下子就起来了。"

"我还是赖了一会，但是马上想到老师说的'早起魔法'，就赶快洗了冷水脸。"静怡说。几个同学兴奋地分享着。

"那，大家感觉和平时有什么不一样呢？"我追问。

"我感觉比平时更精神了。"罗艺兴奋地说。

"我觉得这样很有成就感。"伍于说。

"对，这就是早起的魅力。同学们，一次失败没有关系，明天早上我们继续。"我总结道。

"今天早上我们是试一试，明天早上，我们希望家长在群里汇报哟。"

果然，第二天一大早，群里就已经热气腾腾。有的家长发视频，有的发图片，有的家长表达着自己的感想："孩子比以前好多了，不怎么赖床了。"

我继续鼓励："加油。"

周末的时候，我们同样坚持"防赖床葵花宝典"，这样孩子们的周末才更有规律。

四、吃营养早餐——增加身体能量法

防赖床成功后，我又开始提出新要求，我告诉孩子们："同学们，想逆袭刷新自己，让自己精神抖擞，还需要吃一顿有营养的早餐。"

"啊，平时我都不想吃早饭。"有孩子愁眉苦脸地说。

我说："早上不吃早餐，后果很严重的。损坏大脑，影响智力发展。而且抵抗力下降，容易生病，关键是会变丑，长期不吃早餐，长斑，皮肤蜡黄，并且容易发胖，早上不吃，中午吃的就都吸收了，所以容易变成小胖墩。"有的同学开始变了脸色。"而且还会减少寿命。长期不吃早饭，对身体不好，自然减少寿命了啊。"

说完不吃早餐的坏处后，我还得对孩子们说说早餐的基本要求。

"那么我们要吃什么呢？"听很多家长说孩子不爱吃鸡蛋，于是我特意说明吃鸡蛋的好处。

"早上，至少要吃一个鸡蛋。"

"哇。"有的同学有些不情愿。

"老师，我觉得鸡蛋很难吃，所以不想吃。"有的孩子开始愁眉苦脸。

"吃鸡蛋,有很多好处哟:1.补充蛋白质。2.提高智力,改善记忆力。3.保护视力,让你拥有一双美丽的眼睛。4.有助于减肥。5.早上吃鸡蛋,增加灵敏度。6.鸡蛋更耐饿。"我一一列举吃鸡蛋的好处。

"明天早上我们看看,哪些同学吃了鸡蛋。"

第二天一早,生活委员就拿着本子在教室门口等着,登记大家"早餐吃的什么"。

我拿着登记本,惊喜地发现大部分同学早餐都吃鸡蛋了。

早读前,我问:"今天早上,吃了鸡蛋的请举手。"班上刷刷的一大片。

"今天和平时感觉有什么不同?"

"我感觉更有精神了。"文瑜博仰着头说。

"当然啊,早上吃饭是金呢,每天吃早饭可以让自己一天精神满满的。早饭我们要注意健康,你吃什么样的早餐,就有什么样的身体,有什么样的身体,就有什么样的人生,早餐能影响我们整个人的状态,期待大家都能吃健康的早餐,营养的早餐。"

后来,孩子家长告诉我:"吴老师,我家孩子早餐已经四五年不吃鸡蛋了,现在居然破天荒开始吃鸡蛋了。"

唐吉利告诉我:"以前早饭都是在外面街摊买油煎食品,现在因为起得早,所以每天都是自己弄健康干净的营养早餐。"

五、做晨起运动——机能满血复活法

早上进行运动,可以使身体满血复活。

我首先和孩子们谈早上锻炼的好处:"早上锻炼,身体的新陈代谢很快被启动,还能促使交感神经兴奋起来,不仅身体灵活、思路敏捷、调整心情,增强血液循环,也有助于提高效率,帮助我们整天都精力充沛!同时早上锻炼更有利于毅力训练,更懂得坚持!"一听早锻炼有这么多好处,孩子们有些兴奋。

"老师,那做什么运动更好呢?"

"跳绳,是最健脑的运动方式;步行,是最完美的运动方式;跑步,是最健身的运动方式；游泳，是最减肥的运动方式；体操，是最健美的运动方式。我们这里因为经常下雨，我觉得最便捷的就是跳绳。"大家一致举手同意。

"一个人连续跳绳 5 分钟，相当于跑步 1000 米。跳绳 8 分钟，相当于快速骑行 4 公里。"我继续和孩子们谈跳绳的好处。

最后大家决定早上集体跳绳。

约定时间到了，我引导大家："同学们，我们就连续跳绳 5 分钟吧，定一个目标，不要太快，只要身体热起来就可以了。"

"预备——开始！"操场上响起了呼呼声。

"同学们，感觉如何？"

"我感觉整个身体热起来了。"

"我感觉精神更好了。"

后来，孩子们周末也自己锻炼。刘中林的家长告诉我："早上，小区停电，孩子正好用这个机会锻炼，从 1 楼爬上 28 楼呢。"听着家长高兴的诉说，我知道孩子们已经把锻炼作为生活的一部分，由衷地高兴。生命不止，运动不止啊。

六、制作个人公告板——自我肯定激励法

当然，内心的激励是保持精神抖擞的重要环节。

于是我鼓励孩子们："同学们，据科学研究，人的潜能只发挥了很少的一部分，大部分潜能处于沉睡状态，如何能够挖掘一个更有潜能的自己呢，请你给自己一个理想的目标，制作一个个人公告板来激励自己。"

"老师，个人公告板是什么？"有孩子开始嚷道。

"个人公告板，包括愿景板和行动板。就是向自己发出公告，让自己每天看到鼓励自己的宣言。愿景板让我们看到目标，行动板让我们接近目标啊。"我一边解释，一边出示 PPT：

个人愿景板：

1.我真正想要的是什么？

2. 为什么想要这些?

3. 我必须要做到什么才能实现?

个人行动板:

我该怎样去行动?

孩子们开始用卡纸制作自己的"个人公告板",大家做出来的各具特色,形态各异。

早上锻炼结束后,大家开始朗读"个人公告板"。

刚开始,孩子们声音很小,不好意思。

我鼓励孩子们:"同学们,个人公告板,需要真正地深入自己的内心,做到身心合一。充满感情,大声朗读,这样才有效。我一定要——预备起。"此时,声震天地,气冲斗牛。

"老师,我感觉自己整个人都激情燃烧起来了,有一种冲动为自己而努力。"我微笑着点点头。自我肯定会影响一个人的思维和自我认知,对自己的潜意识能产生信念和行为上的突破,为自己的行动注入一剂兴奋剂。

七、练目的性专注——静心冥想法

除了保持热情,更需要静下心来,才能在行动的时候做到专注。

我说:"同学们,要行动,需要先专注。让自己身心放松,心静如水,专注当下。专注有三个步骤,先做'吸三吐四法'。"孩子们没有听过"吸三吐四法",很是好奇。

"请大家全体起立,闭上眼睛,吸气。"我有意放慢语速,"稳住,心里默默数三声,数一、二、三。"孩子们跟着做起来。

"再吐气,心里数四声:一、二、三、四。"我的声音越来越小。

"连续做六次。同时在心里默默告诉自己一个词语,比如,'静心''专注''安静''宁静'都可以。"教室里一片安静。

"第二步,想象成功法。请大家继续闭上眼睛,想象自己实现目标后的情景,越具体越好。"孩子们开始冥想,有的脸上不由自主浮现出了笑容。

一分钟后，我问："你们眼前浮现的是什么？"

"我浮现的是妈妈看到我的好成绩后，带我去吃肯德基。"张浩然说。

"我想到一家人幸福地出去旅游。"

"我想到的是考好了，亲戚朋友赞叹夸奖我的样子。"孩子们甜甜地说。

带着孩子们去感受、聆听、触摸、品味成功的细节，有助于提升孩子们对成功的渴望。

"第三步，一页书阅读。请大家拿出手里的励志书，读一页，学到一个新观点作为今天的励志语，并运用到自己的生活中，来提升你的学习，这样能让你的思维变得更加敏捷，生活更加多姿多彩。"同学们开始静静地阅读，并郑重地摘抄在自己的励志本上。

八、有意义的事——行动聚焦法

做好一件事，关键在行动。

我让孩子们在个人日历上列好自己的清单，把最有利于自己实现目标的最重要、最紧急的事情列出来。

然后，开始行动。行动中，我告诉孩子们："如果有偷懒或者分心的念头，就提醒自己，别把精力浪费在与目标无关的事情上，去做真正着急有用的事情。"

"老师，万一开小差怎么办？"

"马上提醒自己：把精力转移到有用的事情上，用行动说话。"

"在心里默默告诉自己：一心一意。"我提议道。

"拿个本子记录自己，给自己惩罚或者奖励。"同学们互相提着建议。

"记住，每天的行动聚焦在做正确的事情，我们不仅要采取行动，还要聚焦行动！把力气用在行动的过程中，而不是结果。"

九、反省自我得失——五分钟日记法

下午放学前，我们进行日记自我反省，围绕"今天我的进步在哪里？我的不足在哪里？我应该如何改进得更好"，思考自己今天的行动。五分钟完成。

孩子们的日记有的总结了自己是否注意力集中，有的总结了自己每个科目的情况，有的总结了早起的情况……每个人的反思都是私人订制，自主安排。

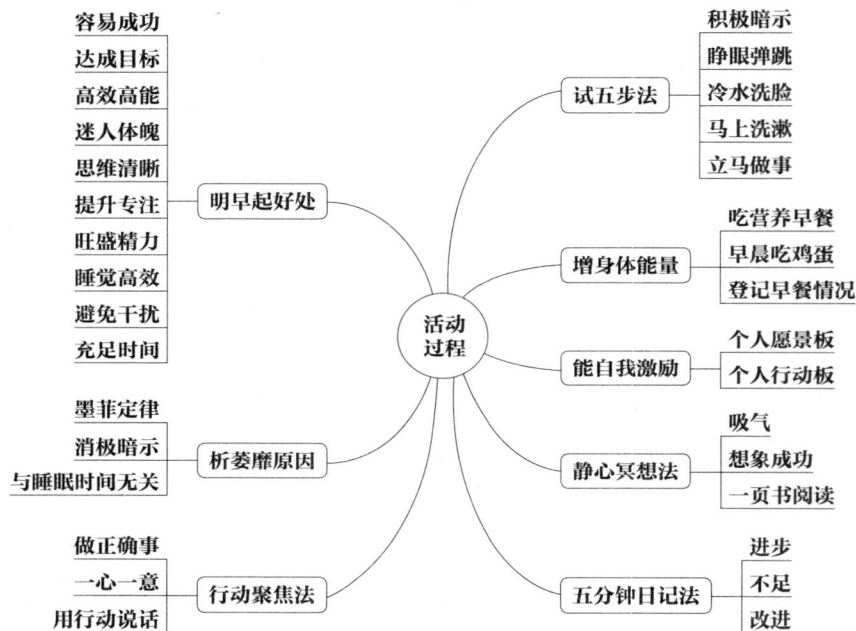

容易成功
达成目标
高效高能
迷人体魄
思维清晰
提升专注 —— 明早起好处
旺盛精力
睡觉高效
避免干扰
充足时间

积极暗示
睁眼弹跳
冷水洗脸 —— 试五步法
马上洗漱
立马做事

活动过程

吃营养早餐
早晨吃鸡蛋 —— 增身体能量
登记早餐情况

个人愿景板
个人行动板 —— 能自我激励

墨菲定律
消极暗示 —— 析萎靡原因
与睡眠时间无关

吸气
想象成功 —— 静心冥想法
一页书阅读

做正确事
一心一意 —— 行动聚焦法
用行动说话

进步
不足 —— 五分钟日记法
改进

思考碰撞

"精神抖擞魔法行动"后，我明显感觉孩子们早起慢慢变成习惯，每天更有精气神了。一个人的精气神不仅仅是外在的展现，更重要的是，唤醒自己内心深处的强大力量，懂得自己激励自己，把梦想放在心里，把责任扛在肩上，把困难踩在脚下。这是一个量变到质变的过程。所以，最重要的，还是坚持，一切还在进行，行动还在继续，努力还在继续，改进还在继续，完善也在继续……

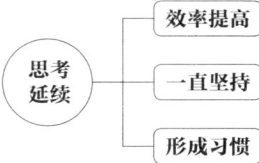

思考延续
- 效率提高
- 一直坚持
- 形成习惯

2. 周末作业马虎
——作业优化连环记

活动案例

▲ 活动背景

每次过完周末，科任老师就唉声叹气。学生的作业总是惨不忍睹，有的时候甚至无法收齐。如何能够保证周末作业按时完成，同时也能保证质量呢？我冥思苦想，反复实践，发现这几个金点子效果不错：

活动背景 —— 周末作业马虎

▲ 活动过程

一、制订——周末时间安排表

周末，孩子们处于放松状态，所以，我们提前在周五的时候，做好周末的时间安排。栏目包括：

1.**整体时间安排**。教会孩子们有规律地过周末，懂得什么时间做什么作业，并且要求孩子们学会安排自己的时间，懂得给自己的周末留出机动时间，避免时间安排后，无法实现。

2. 本周知识梳理。这既是对本周知识的一个整体的总结，同时，也是为做周末作业做准备。避免有的孩子因为知识点不熟悉导致不会做，做不来，而无端浪费很多时间。

3. 上网时间安排。周末不可避免的是上网。所以，与其阻拦孩子们上网，不如大大方方让孩子们自己安排出上网时间，也使上网变得有节制。

4. 父母心灵沟通。这个栏目是调节亲子关系，同时，父母要总结孩子周末在家的情况和时间利用的情况，隐形督促孩子们，在家能够充分利用时间。

二、成立——班级作业协作部

为了提升周末作业质量，我们成立了周末作业协作部。成员包括班级协作部部长，每个小组一个协作部秘书长。

然后，选取最优秀最负责的同学担任班级协作部部长，部长再自主选好每个小组的作业协作秘书长。

为了增加仪式感，我们专门颁发聘书，并热烈而浓重地举行了一个"聘书颁发仪式"。协作部长提前召集秘书长开会，讨论话题是：如何对班级周末作业进行管理。

大家的讨论可谓是热闹非凡，分别提出了精彩纷呈的建议。

有的"秘书长"提出："平时利用好零星时间，养成挤出时间做作业的习惯。老师也可以讲慢点，这样学生做笔记更清晰，有利于好好复习，这样节约时间，做作业更加高效。"

还有的"秘书长"提出："成立一个学科问题解答群，大家互相在群里问问题，并且，找新题，把不懂的互相解答。"

各个小组的"秘书长"，不仅对班级整体作业进行了思考，而且分别对每个小组的管理进行了思考。

经过讨论，博采众长，最后决定用小组管理作业的方式，用小组督促的力量，来促进作业质量的提升。

果然，到了周末，各个小组就铆足了劲头，互相提醒着，要完成作业。

三、准备——作业清单本

有了作业协作部门，关键还是要落实到每一个孩子的具体细节上。于是，我们要求每一个孩子准备一个作业记录本。将作业每一个项目进行规范，做成作业清单。

作业清单上需要有以下栏目：作业科目，作业内容，完成的时间，是否完成。使用的时候，对照着每一个项目，做完一项勾画一项。

第二天，我们将检查作业清单本，检查每一项是否认真记录，每一项是否完成，如果发现有同学没有完成作业清单，将要求其在当天作业清单后面书写没有完成的原因。这样就把作业清单做成一个系统。

四、举行——惊艳的周末作业秀

为了提升周末作业质量，我们计划在周六的晚上来一场惊艳的"周末作业秀"，检查小组由班级主持人、学生评委、大众评委组成。

主持人的职责是提前做好海报，提醒大家参加周末作业秀，同时，制订好周末作业秀的学生展示顺序表，在作业展示过程中，进行秩序的维持和安排。学生评委由课代表组成，制定周末作业标准，同时对展示作业点评并打分。大众评委由随机抽取的同学组成，职责是对展示作业打分。

学生制定作业标准也是费尽苦心：

美术作业标准：1. 潦草完成，3分。2. 基本完成，5分。3. 作业完成认真，6分。4. 作业完成突出，7分。5. 作业优异，9分。

英语作业标准：1. 作业潦草错得多，2分。2. 作业都做完，5分。3. 作业多于3个错误，7分。4. 作业少于两个错误，8分。5. 作业全对，10分。

孩子们互相借鉴，并根据实际，不断改进。

当我们把"周末作业秀"海报发出来的时候，有的家长开始给孩子请假：

"老师，我们家陈浩因为出去补课了，所以作业暂时没有完成，我们申请明天检查，好吗？""老师，我们家陈豪忘记带英语作业回来了，可以这个时候到学校去拿吗？"这个通知，增强了孩子们提前完成作业的意识，同时也温馨提示了家长关注孩子们的作业。

周六晚上 8 点钟，主持人在班级群一声令下，同学们按照秩序拍照进行作业展示，学生出示了作业后，大众评委开始打分。美术课代表尤为负责："弘一的美术作业只能打 6 分。画面太大，也有点儿太空了。而且那个兔子的外形画得不怎么美观，还是要多多注意。"

通过大众评委打分，孩子们也有意识地注意了作业的质量。

当然，如果"周末作业秀"时，有的同学没有完成，咱们安排周日上午进行第二轮，周日晚上善后处理。同时也制定出相应的奖励措施：周六晚上检查过关的加操行分 20 分，周日上午检查过关的加操行分 10 分，周日晚上完成的不加不减，没有参加比赛的，将扣操行分 10 分。

五、打造——光彩照人示范作业

每周，我们还提前安排 10 个同学作为作业示范。我会提前进行渲染：同学们，每周我们都有示范作业，而示范作业有示范标准：1. 正确率起到示范作用。2. 书写工整美观。3. 做作业速度快，并且需要在周六上午完成。4. 把作业打造得光彩照人。

模范作业将作为每一位孩子自查作业的范本。

为什么这样做？心理学上有一个标签效应：当一个人被贴上标签的时候，他的行为会和贴标签的内容一致。这样，对自我认同有强烈的影响作用。

每周我们会提前布置当周打造示范作业的名单。提前布置的人员，也许是本周需要改进的同学，也许是需要提升自信的同学。我们会根据不同的情况进行选择。

因为有"示范作业"这一标签的光辉效应，孩子们做作业变得更加认真，一丝不苟。

六、奖励——周末作业升级表扬

周一的时候，我们将作业秀中的优秀作业，评选为"优秀作品"，并进行颁奖，一个科目优秀叫"单科优秀奖"，同时给出相应的优秀作业称谓。语文作业优秀叫"莫言奖"，数学作业优秀叫"华罗庚奖"，英语作业优秀叫"外交家奖"，然后拍照发到群里，家长们看到自己的孩子获奖也是喜不自禁。

同时，我们进行升级奖励。如果作业整体优秀叫"精英作业奖"，加操行分20分，并颁发奖状，发奖品。如果连续四周作业优秀，奖励一次免作业机会；如果连续半学期作业优秀，就可以实现一个愿望；如果连续一学期作业优秀，可以免做假期作业。

七、优化——作业布置方式

为了能真正让孩子们爱上作业，作为教师，需要真正优化我们的布置作业的方式。

作业从精选题开始做起，同时采用孩子们喜欢的作业形式，比如打卡式朗读作业，为讲课大赛做准备，趣配音等方式，也尝试过选修作业和必修作业的方式，或者分层式做作业，等等。

让孩子们真正爱上做作业，是我们需要努力的方向。

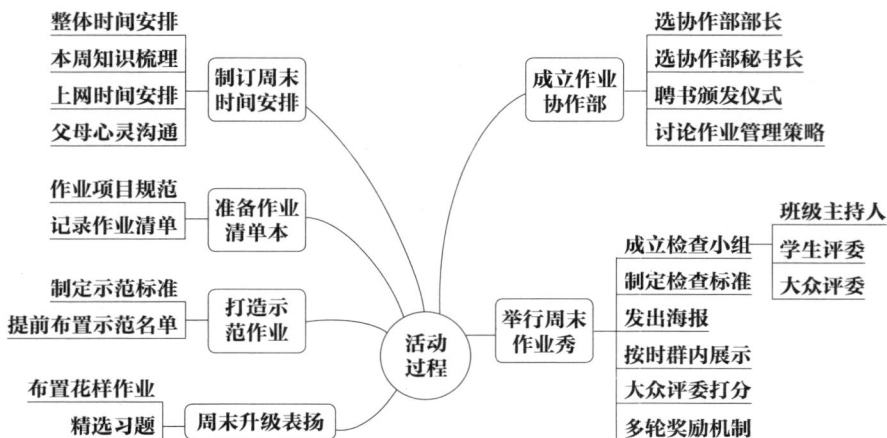

整体时间安排
本周知识梳理 — 制订周末时间安排
上网时间安排
父母心灵沟通

作业项目规范 — 准备作业清单本
记录作业清单

制定示范标准 — 打造示范作业
提前布置示范名单

布置花样作业 — 周末升级表扬
精选习题

活动过程

成立作业协作部 — 选协作部部长 / 选协作部秘书长 / 聘书颁发仪式 / 讨论作业管理策略

举行周末作业秀 — 成立检查小组 / 制定检查标准 / 发出海报 / 按时群内展示 / 大众评委打分 / 多轮奖励机制

班级主持人 / 学生评委 / 大众评委

周末作业马虎，这是教育的老大难问题。为什么会这样？

1.周末放纵心理。一到周末人就放松下来。

2.缺乏正确的作业动机。有的学生把作业当作老师交代的任务，目的不明确，做作业被动。

3.没有良好的学习习惯。做作业马虎，喜欢拖拉、磨蹭，导致完不成作业。

所以，周末作业管理，也是我们努力的方向：

1.明确目的，激发欲望，形成恒久的作业动力和兴趣。

2.规范作业，形成习惯。好的习惯能改变一个人。

3.调动家长，齐抓共管。有了家长的力量，教育才能真正发生作用。

4.优化作业，提升质量。对我们教师而言，优化作业方式，心中有学生，作业有梯度，作业有宽度，作业有深度，布置更能激发学生兴趣、提升学生能力的有效作业。如此，周末作业才能上一台阶。

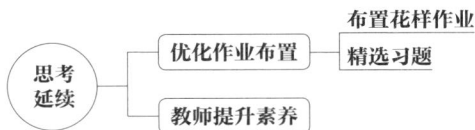

思考延续 ── 优化作业布置 ── 布置花样作业／精选习题

思考延续 ── 教师提升素养

3.学习总慢
——用行动诠释坚毅力

▲ 活动背景

期中将至，有的孩子毅力不够，做什么事情，要么恒心不够，要么不能一鼓作气，要么就是缩手缩脚，不敢挑战自我。怎么办？于是我们开启了一次"用行动诠释坚毅"的行动。

▲ 活动过程

一、测试了解——坚毅程度

首先，我们需要让孩子们明晰什么是坚毅。我说："同学们，坚毅就是长期对有意义的目标的一种激情和毅力。"有的孩子明白，有的孩子还是有些模糊。

于是，我接着说："坚毅是在遇到困难，懂得在重要的事情上，选择坚持不懈。坚毅并不意味着什么都不放弃，而是自己深思熟虑后，再决定哪些事需要坚持。"

"哦。"孩子们这才豁然开朗。

"下面,我们来了解一下自己的坚毅程度。请大家按照 1 分、2 分、3 分、4 分、5 分给自己打一个分。"

坚毅测试表

序号	题目	选项					答案
1	你觉得自己能坚持自己的目标吗?	1 从不	2 很少	3 有时	4 经常	5 总是	
2	你能做事有始有终吗?	1 从不	2 很少	3 有时	4 经常	5 总是	
3	你能在挫折或者挑战中重新振作吗?	1 从不	2 很少	3 有时	4 经常	5 总是	
4	做一件事情,你能从长远利益来考虑问题吗?	1 从不	2 很少	3 有时	4 经常	5 总是	
5	在做作业方面,你能坚持努力并克服困难吗?	1 从不	2 很少	3 有时	4 经常	5 总是	
6	在与朋友遇到问题的时候,你能直面问题去解决吗?	1 从不	2 很少	3 有时	4 经常	5 总是	
7	你能坚持锻炼身体、坚持有规律地作息,有健康的饮食习惯吗?	1 从不	2 很少	3 有时	4 经常	5 总是	
8	在课外活动中,能坚持练习并从失败中振作吗?	1 从不	2 很少	3 有时	4 经常	5 总是	
9	你在情绪方面,能很好地应对担忧、愤怒、低落的情绪吗?	1 从不	2 很少	3 有时	4 经常	5 总是	
10	你遇到失败的时候,会用逃避的方式应对吗?	1 从不	2 很少	3 有时	4 经常	5 总是	
总分							

(注:表格内容整理自《坚毅力:青少年告别畏难放弃的行动计划》一书。)

等孩子们做完后,我开始向大家说:"请 40~50 分的举手。"少数孩子举手。"30~39 分的举手。"大部分孩子举手。"30 分以下的举手。"几个孩子举手。

我说："40~50分的同学，说明你的坚毅程度还不错，能够自如应对生活中遇到的困难，同时，能够持之以恒地做好一件事。"

"30~39分的同学，你容易受到外界的影响，有时候容易半途而废，同时，遇到苦难的时候，懂得调节，但还是不够坚韧。这一部分同学注意调整，就能增强坚毅力。"

"30分以下的同学，请你们引起重视。因为这部分同学容易悲观，遇到问题喜欢逃避，所以这部分同学亟须加强坚毅力的训练。"

测试坚毅的等级，目的是让孩子们明晰自己的坚毅程度达到哪一个级别，知道自己的问题所在。

二、转化思维——改变想法

了解了自己坚毅力的程度后，还需要转化一种思维：变消极思维为积极思维，改变自己的想法。

我告诉孩子们："一个人成功与否决定于他的思维方式，也就是动机，同时要将你的动机转化为持之以恒的行动才能真正成功。"

我开始在黑板上书写："（动机）思维方式+（行动）意志力=成功。"孩子们若有所思。

我继续说："当我们的思维方式是消极的时候，实际上第一个加数就变成负数，同时，只有积极思维，而没有持之以恒的行动也是不行的。"孩子们连连点头。

"那么，从今天起，我们一起来转化自己的思维，把消极思维变成积极思维。"我提议道，"如果我被老师批评了，消极思维说，真倒霉，老师针对我，而积极思维会说什么？"

"真幸运，老师又给我提出一个缺点，我又可以进步了。"文博说道。

"老师，我小时候，就是这样，后来心情变得越来越好。"另外一个孩子插嘴道。我竖起大拇指表示赞许。

"比如：这道题太难了，我想放弃。积极思维怎么说？"我继续引导。

"我可以试一试。"

"今天考试考差了，积极思维？"

"这次考试让我认识到自己的不足。"大家七嘴八舌地抢着说。

"老师，我明白了，改变想法可以让自己更快乐。"艺丹拍着脑门说。

"是啊，思路改变出路啊。"我笑着回应孩子们。接着，我出示了PPT：

积极思维的九个改变（出自斯坦福教育理念）：

1. 关于理解：这对我来说太难了，根本没法理解。→只要把我漏掉的、忽略的找出来，肯定能搞明白。

2. 关于放弃：我的能力达不到，只有放弃了。→问题没有方法多，此路不通，换个方法就好了。

3. 关于错误：我做错了，我很沮丧。→虽然这次错了，但以后我就知道这么做是错的，又学到一招，yeah!

4. 关于困难：我不可能完成。→只要花足够的时间和精力，一切皆有可能。

5. 关于足够：已经达到我的上限了。→没有最好只有更好，也许再努力一些，我就能再提高一点儿。

6. 关于聪明：别人比我聪明，没办法了，我就是不如她。→只要学她的方法，然后认真去做，我也能做好！

7. 关于完美：我的能力只能做这么多，这件事已经足够完美了。→我还要看看这件事有什么可以完善的，只要不断尝试和努力，肯定还能再提高！

8. 关于否定：我没有"阅读"这根筋儿，我就是个书盲。→呵呵，只是训练不够而已，不如坚持练习一段时间看看！

9. 关于能力：我做不了这些。→我现在可能做不好，但没关系，往这个方向努力，我就会越来越擅长啦。

（注：PPT内容整理自网络资料。）

出示完PPT，我告诉孩子们："做任何事情，我们多从积极的思维去思考问题，才能让自己的人生变得更积极。"

转化思维，可以把消极思维变得更积极，同时，也能强化正向思维。

三、有效目标——SMART目标制订

有了有效的思维，还需要目标明确。

我说："同学们，梦想只是一种想法，而目标则是给梦想制订的路线和期限啊。"

"老师，我们制订过很多目标，但都无法实现。"有的孩子表达了自己的苦恼。

"这一次，我们要学会把坚毅的目标分解成更小、更具体的目标，也就是SMART目标。"我开导着孩子们。

我把内容用PPT展示出来：

SMART目标是指：

S——明确的，重要的。M——可衡量的。A——可实现的。R——能有收获的。T——时限性。

我再具体地阐述道："目标的'明确性'，是指尽量地说清楚你要做什么，什么时候做；目标的'可衡量'就是指很容易看出来是否完成目标；目标的'可实现'是指你能做到的愿意做的事情；目标的'可收获'，就是指目标能让自己有所收获；目标的'时限性'，需要明确的完成期限。"

接着，孩子们开始制订目标：

SMART目标	
明确性	
可衡量	
可实现	
可收获	
时限性	

孩子们此时制订的目标比以前更精细了，有的是"早上早起10分钟"；有的是"做作业速度更快"；有的是"让自己每天想一件快乐的事情，改变心情"；等等。

四、刻意练习——增强效果

制订了目标，还需要重复地练习，刻意地练习，才能形成习惯。

我说："同学们，真正要形成坚毅的品质，改掉你的一个毛病，是需要刻意练习，才能够成功的。坚持改掉一个坏习惯，是刻意练习的宗旨。"

于是，我要求孩子们从几个方面进行努力：

1. 找到自己需要刻意练习的薄弱环节。
2. 发现能够克服这个薄弱环节的方法。
3. 保持专注，并静心练习。
4. 需要一直练习到熟练掌握为止。
5. 找一个人定期指导自己。

孩子们在做的过程中，有的开始坚持不住了，这个时候又需要想办法。

五、一张好处卡——提醒自己

人都有懈怠的时候，此时，目标需要不断地被提醒。我们鼓励孩子们做了一张好处卡。好处卡上面写上坚毅行动的好处，不断进行优势强化。

孩子们的制作精彩纷呈，有的制作成名片，有的制作成条幅，有的制作成桃心。孩子们写的好处也是发自肺腑。

比如，福润说："每天坚持阅读有益的书籍的好处是增加课外知识，提高自己的涵养，培养自己的自控力。"

黄瑞写道："我的坚毅行动是，早点做完一件事，做完就可以玩耍，能提高效率，能做更多事情，能让自己变得越来越优秀。"

制作完好处卡，我们要求孩子们贴在醒目的地方，能够每天看到。

孩子们表示："我想贴在桌子上，每天想偷懒的时候看一看。""我想贴在床头，每天睡觉的时候看一看，增加力量。"

好处卡就这样精彩地诞生了。我继续引导孩子们："同学们，在我们坚持不住的时候，看一看好处卡，也许它就是我们的一束光，一点温暖，一丝动力，激励着我们继续坚持毅力行动。"

六、学会自控——面对诱惑

接着，我教给了孩子们自控的方法，面对诱惑的时候该怎么办。

1. 情景修正。无法避开诱惑的时候，你可以选择让自己离开诱惑，比如做作业时远离手机。

2. 选择性注意。改变环境。当我们无法改变诱惑时，我们就选择主动改变它，比如，你身边有朋友喜欢拖拉，就用我们的力量改变他。

3. 认知改变。重新认识诱惑，比如认识到抽烟的坏处。

4. 思考后果。不断想到完不成任务会有什么样不好的后果。

5. 随时提醒。随时提醒自己要记住坚毅目标。

七、定期复盘——行动反思

当然，经过一段时间的努力，我们要对以下问题进行复盘：

1. 你制定的目标是否达到这几个标准：S——明确的，重要的；M——可衡量的；A——可实现的；R——能有收获的；T——时限性。

2. 你的目标是否达到？你会对这些做怎样的调整？

3. 你是否采用了刻意练习的方法？你准备怎么改进？

4. 制作的好处卡，每天是否都放在重要位置？

5. 你避开诱惑了吗？你还准备怎样避开诱惑？

6. 你把坚毅行动变成习惯了吗？

坚毅程度好
坚毅不够
亟须加强坚毅 ── 测试坚毅

明确性
可衡量
可实现 ── SMART 目标制定
可收获
时限性

不断提醒目标
优势不断强化 ── 做好处卡

目标达成
刻意练习改进
好处卡目标 ── 定期复盘
如何避免诱惑
是否变成习惯

活动
过程

转化思维 ── 消极变积极
强化正向思维

刻意练习 ── 找到薄弱环节
发现克服方法
专注和静心
持续练习

学会自控 ── 情景修正
选择性注意
认知改变
思考后果
随时提醒

思考碰撞

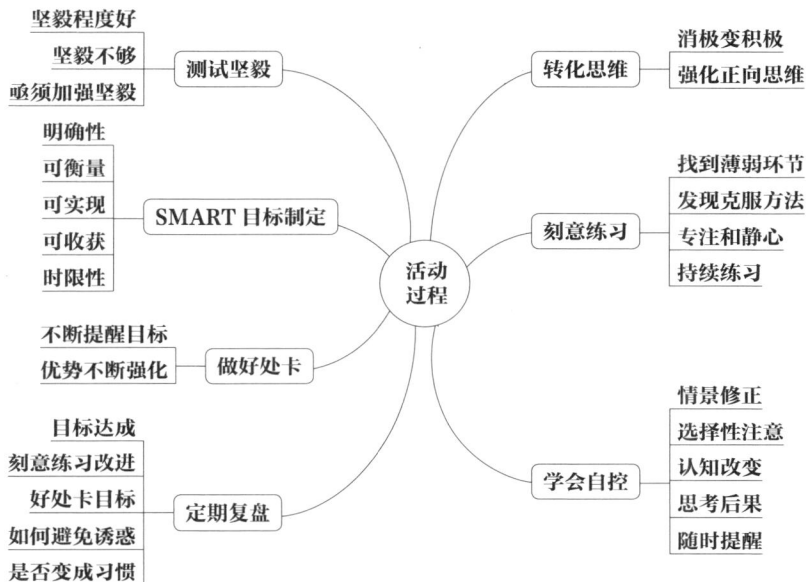

经过以上的步骤，孩子们的毅力逐步增强。当然，毅力的形成不是一蹴而就的，是需要时间和等待的漫长过程。但我相信：当一个人的思维积极了，当一个人懂得刻意练习，懂得迎难而上，同时注意时刻提醒自己，并用行动避开诱惑，再时刻反省自己，那么用行动诠释坚毅力，已经不是梦！

思考
延续 ── 坚毅逐步增强
持续进行锻炼

4. 仪态不端
——站姿、坐姿、走姿

活动案例

▲ 活动背景

关于孩子们的站姿、坐姿、走姿，不知道说了多少遍了，但是走路左顾右盼，坐下勾腰驼背，站着萎靡不振，这样的姿态，怎么办？最好的方法：换种说法，换种方式。

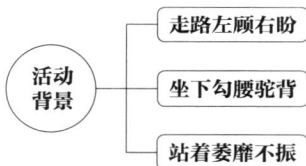

```
            ┌── 走路左顾右盼
活动
背景    ───┼── 坐下勾腰驼背
            └── 站着萎靡不振
```

▲ 活动过程

一、走姿——用走路的姿势预测人生

孩子们对自己的未来很感兴趣，为了让他们重视走姿，我干脆来了一个"走姿决定运势"活动。

这不，自习课上，我直接告诉孩子们："同学们，我想告诉大家一个新鲜事。"孩子们早已习以为常，说："老师你说吧，又是什么新鲜事？"

"这次可不同哟，这次是走路的姿势可决定我们的运势！"我故意眨了眨眼睛。

"啊！"有的孩子惊得瞠目结舌。

"是呀，人走路的姿态好，那运气可是顺水行舟；要是姿态不好，那可是逆水而行。"我故意吊起孩子们的胃口。

"老师，你快说呀！"

"中国有诗曰：虎骧龙奔定贵荣，腰身端厚福来临。累财积福家肥盛，看取牛龟鹅鸭行。行如骧马或如猿，终日区区不可言。步狭腰斜人最贱，趋跪中度富田园。"我故意摇头晃脑地说着。

"什么意思呀？"孩子们显得迫不及待了。

"意思就是走路的姿态像龙行步的人高贵；像鹅行鸭步的人富裕；像鹤行的人聪明；像老鼠走路一样鬼鬼祟祟的人多疑虑；像牛行路那样稳重舒缓的人必定是巨富；像蛇那样行走的人性情狠毒而易夭折；像鸟雀一样行走的人长寿；像马行路那样急促的人辛苦；走起路来像流水一样舒畅的必定是贵人；走路时步子沉重的人荣贵；行步轻骤的人贫贱；行步趋越的人聪明；行步跳跃前进的人孤独；行步时身子不随意低昂的人富贵双全。"

孩子们一听来劲了。

刚才是为了让孩子们感兴趣，接下来，我是为了让大家明白走姿的重要："走路的时候，低着头的人，一般有很多忧虑。"说完，孩子们把头昂得老高。

"但是，把头抬得太高，一般给人感觉薄情寡义。"孩子们急忙把头低下一些。

"行走的时候，驼着背，一般是愚笨而有些自卑的人。"孩子急着把胸挺起来了。

"所以，要微微抬头，挺胸。这是基本的呀。"

"当然，走路的时候，步子太急，会给人急躁的感觉；走路摇摇摆摆，左顾右盼的人，会给人装腔作势的印象，让人觉得不踏实；当然了，走路太缓慢，不时向后张望，这种人一般给人感觉像做了什么亏心事。"我继续说着，"同时，走路的时候，面无表情，会给人冷酷之感，所以你们说一个人的走姿是不是决定一个人的运势？"孩子们不断地点头。

二、站姿——有种站法可以增高减肥

青春期的孩子，都爱美，都想长高，不想长胖，于是，我利用大家的心理特点，和大家谈谈好的站姿。

我站在讲台上，打趣地说："同学们，我们是不是都希望自己变得更高一点啊？"教室里一片应和声。

"可是，有的同学为了减肥，采用节食的方式，这样不仅影响消化系统，而且还会影响长高。"

"老师，好想有既能长高，又能减肥的方式啊！"

我马上接过话来："你还别说，还真有一个非常简单的方法呢！"我故意卖关子，说，"就是一个站姿。"

"啊？"有的同学惊愕，有的半信半疑，有的兴奋好奇。

我接着说："其实，很简单，让我们变高，注意'三二一'就可以了。'三'是指三个高，就是头要高，让我们显高的关键部位是头，首先感觉头顶有一根线在拉着自己，那就需要头放正，颈部要正，腰部要挺直。"我顿了顿，继续说，"第二个显得高在于胸，很多人就是因为弯腰驼背，所以看着人要矮一些，所以我们的肩胛骨尽量向后拉伸，让两个肩胛骨形成直线。第三个显得高是臀部，腰用劲，臀部就会向上提。"我一边说，孩子们一边跟着做起来了。

"二"是指"两个放松"，就是肩部放松，手放松，这样更自然。

最后，我特别提出："'一'是指一个看，那就是眼睛平和地看前方，不左顾右盼。这样我们的身高自然比平时更高。"

"那么，如何减肥呢？"我继续追问，"我们可以用一本书，每天练习三分钟，大家要不要试一试？"孩子们真还跃跃欲试呢！

"好，全体起立。请把书放在头上，然后用刚才讲的增高法，试一试。"孩子们开始哗然。

"感觉自己的身体找到平衡的时候，再把书放在头顶。"每个人拿着一本书，试探地放在头上，有的瞬间掉下来，有的一直端站着，书一直平衡地留在头上。教室里顿时变得安静下来。

时间一分一秒地过去，期间，不少孩子的书陆续掉下来，教室里更加安静了。终于，难熬的三分钟过去，有的同学深深地吸了口气。"这还真累啊！"

"是啊，正因为累，我们才可以练习站姿，我们才可以减肥啊！所以，我们只需要每天三分钟，长期坚持，就能减肥哟！"

当需要孩子们作出改变时，我们只需要抓住孩子的心理，就能实现不断改变他们的目标。

三、坐姿——用吃牛排的方式记住

看着孩子们的坐姿，我继续说道："同学们，坐姿也一样重要，我们最好是用吃牛排的样子来坐。"

一听说用吃牛排的样子坐，孩子们眼里冒着小星星。

"吃牛排，首先得正衣冠，不然看起来不绅士。"孩子们急忙正正衣冠。

"然后，得把身子坐直，不然没有力气去切牛排。"孩子们立刻又坐直了身子。

"立腰、挺胸、上体自然挺直。只坐椅子前端的三分之二。不能靠着椅背，这个世界上你只能靠你自己，哪怕椅子也不可靠。"我打趣地说着，身边的孩子们也听得咧嘴哈哈大笑起来。

"所以身体不要左右摇晃，不要歪斜，双腿不要乱抖。"孩子们一一这样实践着。

"当然，吃牛排，牛排是烫的，所以记得身体要离桌子一拳头。"孩子们马上触电似的调整着身体与桌子的距离。

"同时，吃牛排，肩膀与手腕要放松，两臂不要张开。"孩子们马上调整着手的位置。

"吃牛排，男女的坐姿也是有别的，女士，小腿垂直于地面，双脚形成45度的夹角，双脚跟和双膝要并拢在一起，这种坐姿给人诚恳的印象。男士要注意，身体重心垂直向下，腰部挺直，两腿略微分开，与肩膀同宽，看起来不会太拘束，两脚应尽量放在地上，大腿和小腿呈直角，整个身子不要向内靠，不然会给人萎靡不振的感觉。这是整体调整。"

说完，我突然发现大家的坐姿更直更端正。

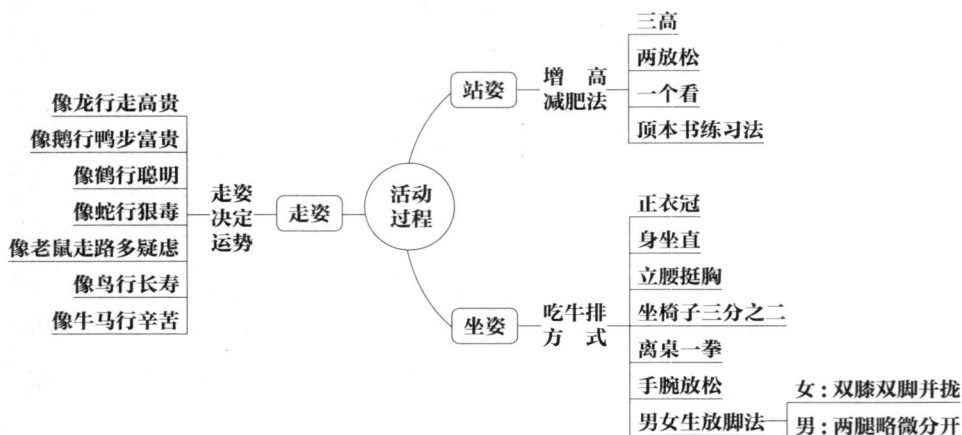

站姿 —— 增高减肥法 —— 三高 / 两放松 / 一个看 / 顶本书练习法

走姿决定运势 —— 走姿 —— 活动过程

像龙行走高贵
像鹅行鸭步富贵
像鹤行聪明
像蛇行狠毒
像老鼠走路多疑虑
像鸟行长寿
像牛马行辛苦

坐姿 —— 吃牛排方式 —— 正衣冠 / 身坐直 / 立腰挺胸 / 坐椅子三分之二 / 离桌一拳 / 手腕放松 / 男女生放脚法 —— 女：双膝双脚并拢 / 男：两腿略微分开

思考碰撞

在日常生活中，仪态有着举足轻重的作用。人的举手投足都体现出人的内在修养、文化底蕴、家庭教养，一个举止得体、仪态优雅的人，会给人更多的好感。所以，仪态教育非常重要。但是，青春期的孩子，自我意识增强，喜欢按照自己的方式塑造自己的仪容仪表。如何艺术地引导他们？教育并不是简单地给出正确命令，而是需要教育者想办法引导孩子自觉走向正确行为的艺术。解决问题的时候，我们换种思维方式，会使问题变得简单，会使世界豁然开朗。人都有喜新厌旧的心理，只要我们善于改变，不断更新，最后就会实现创新。

换种说法 —— 思考延续 —— 善于改变 / 不断更新

5.整顿班风
——动静结合治理浮躁

活动案例

▲ 活动背景

最近科任老师反映孩子们很疲软，做什么都提不起劲头。班干部也反映无能为力。初三是最为关键的时刻，有的同学因为升学无望，看不到前途，不仅影响自己，还影响别人；有的同学是看老师的脾气决定是否认真听课，有的同学恃才放旷，有的同学是随众。看来我要做的就是整顿。

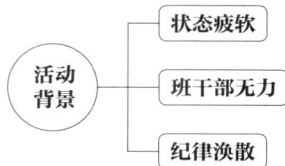

```
            ┌── 状态疲软
活动背景 ────┼── 班干部无力
            └── 纪律涣散
```

▲ 活动过程

一、静——风平浪静展示问题

周一的第一堂课，我什么也没有说，只是冷静地在教室里给孩子们出示值周班干部的总结。孩子们有些惊诧，没有硝烟似的批评，也没有洗脑似的说教，只默默地把班级总结展示给孩子们看。以下是一位班干部的发言：

作为值周班干部，我这周的工作非常有难度。我笑着招呼纪律不行，板着脸招呼也不行。有些脾气好的老师的课堂上，有人随意讲话，比如红成在历史、政治、英语课话比较多。有时候有讨论，但是老师一招呼都能收住，这是不尊重班干部。我不知道该用怎样的方式去管，他们不听、不配合班干部。

教室里静悄悄的，大家也许正在等待着一场暴风雨的到来。我既没有提高声音，也没有显示出失望、生气、难受的表情。一切都在平静的空气中继续。

这段文字，我能读出一个班干部的无奈，以及孩子们对初三没有新鲜、没有兴奋的麻木与疲倦感。我能做的就是平静的引导。于是，我继续出示着第二段文字，我期待传递给大家一个观念：只要肯用功，方法总比问题多！于是我淡淡地说："同学们，请看我是怎么回复的。"

没有解决不了的问题，只有不动脑筋的思维！人一辈子都在解决问题，所以始终有解决不完的问题！问题不可怕！给大家分享一段三八节我写的文字：灵魂有香气的女子是，当面临自己不想做、不愿做，但不得不做的事情的时候，会告诉自己，机会总是会乔装成另外的样子。不抱怨，心灵自然宁静，走过了彷徨——难受——豁然开朗的过程，心也就沉静下来，香气自然散发出来。希望给我们的各位优秀的班干部有一些启示，没有启示也没有关系。大家自己思考，我现在不想强迫任何人！

教室里仍然出奇地安静，往往越是在激烈的问题面前，越需要风平浪静。一切都在无言中进行着，一切都在默默中熏陶着。

二、动——大刀阔斧约法三章

接着，我需要动，需要大刀阔斧，给平时影响班级的孩子一个当头棒喝。

因为，一个班级的整体氛围很重要，我必须在关键的时候站出来。

此时，我要"针锋相对"，并且是"义正词严"："同学们，人都有倦怠的时候，但到了这个时候，倦怠比猛虎野兽对自己、对他人的破坏力都要大，走入了学习的高原期，我们必须要找到突破的理由。用扰乱纪律来宣泄心里的恐慌、空虚，不但对自己有破坏力，而且还让自己成了一个给别人增加麻烦的人。我经常说，初三最关键的时刻到了，居然还有同学把精力用在了破坏上，相信其他同学也是不愿意看到这种现象的。为了清正班风，大家说，对破坏班级纪律的同学，怎么办？"

"老师，以前那些唱歌、做清洁、写说明书的方式，大家都形成了抗体。"

"那，你们说怎么办？"我一贯的做法是让孩子们想办法。

"我觉得那些破坏纪律的同学应该请家长来陪伴学习。"有同学提议。

"我也觉得。"

"这会不会太残酷了？"我继续问大家。

"有时候破釜沉舟，有的同学才会引起重视。"又有同学提议。

"那举手表决。"全班大多数同学同意。

"好，成立。那大家说陪伴多久？"我继续问大家。

"一天？"教室里没有回应。

"两天？"还是没有。

"一周？"教室里齐刷刷地举手一片。

"好，成立！"

"扰乱班级纪律几次需要这样的惩罚？"我们同样用举手表决的方式，大家最后以"三次"作为了期限。

三、动——针锋相对杀鸡儆猴

我们约法三章后，需要对破坏纪律的同学"杀鸡儆猴"。我深刻明白：此时不能吃大锅饭，必须找到真正影响班级纪律的人。

于是，我问孩子们："我相信，破坏纪律的肯定不是全班同学，为了帮助这部分同学，请你写出这部分同学扰乱纪律的具体表现，同时帮助他分析，他为什么会出现这样的情况。"有时候，可以把问题交给班级，把这个球踢给全班，群众的眼光是最公正的。

我料想，选出的同学肯定会想方设法为自己辩解，只有让孩子们说出具体的事情，才更有利于帮助孩子。

孩子们选出来了，我没有宣布。但是，我要一个个私下交流，具体分析，贴心地安抚。

红成来了，这孩子蛮机灵，还没有等我开口，就迫不及待地说："老师，我上周很听话的！"我没有说话，只是把孩子们写的具体情况，一张张拿给他看，第一张写着："红成午自习自由下位！"我故意轻轻地念着。

"老师，我是去问问题！"红成涨红了脸。我淡淡地说："别着急嘛！有则改之，无则加勉嘛，你看呢！"孩子的情绪平静了。接着我继续出示："午自习大家都睡觉了，红成老是喜欢下位。"我递给孩子，孩子一张张地看着，脸色已经由青变白，由白变红。

我没有一句教训的话："你看，这是同学们的评价！其实综合起来就是一个下位喧闹，只要自己注意就行了！"我的语气一直保持轻松，可孩子已经没有了刚才的轻松。我知道时机已经来了："你看，一个人说，也许是对你有偏见，但是大家都这样说，你看我们是不是应该注意一下呢？"孩子有些不好意思，点点头。

很多事不需要老师大动肝火的。后面的几个同学我同样这样做。我和孩子们约定，我们一起努力，看大家的改进。

有时候，帮助学生实现更客观的自我评价，需要有效地开展同伴评价，老师要做的是创设一种公正公平的评价氛围，这样，才能促进学生的成长。

四、动静——持续监督阶梯要求

每个孩子都很在意自己在同学心目中的形象，所以每个同学的评价，胜过老师的千言万语。

当天，我悄悄问了同学们："今天红成他们几个同学怎么样？"

值日班长悄悄地笑了："老师，今天这几个同学不闹了。真的，老师，你给他们说了什么？"

我故意顽皮地笑笑，"保密！"值日班长露出一个大大的 O 的口型。我知道这还马虎不得。

第二天一大早，我把几个孩子叫到教室外，兴高采烈地说："孩子们，昨天我悄悄问了值日班长，他们说，红成不再下位了，袁徐上课也不闹了，单治上课认真了。"

谁都不会拒绝别人的表扬的，听着表扬，每个人都高高地昂着头。

"不过单治好像昨天作业没有交哟，"我话锋一转，单治不好意思地点点头，我还是淡淡地说，"那不好意思哟，只好记上一次，记住，我们三次哟！"单治点点头。

接着，我告诉孩子们："昨天大家学会了控制自己的行为，说明我们是能做好的，不是做不好。今天我们继续改进，从今天开始，我们要提高一点要求，每天进步一点点，好吗？"

要挖掘孩子们的潜力，我们需要一步步地、阶梯式地、循序渐进地提出要求，于是我和孩子们商量，首先基本要求是：遵守纪律。下一步是：乐于助人。做一个给大家带来幸福的人，多为班级做事。第三步，规范学习。我们需要在学习上认真，作业认真，学习积极。第四步，思维提升。每天坚持思考，每天坚持问问题。

果然这一天，单治放学后，自觉地在给班上做好事：张贴信息。看着孩子们的进步，我知道，孩子们阶梯式的进步，已经拉开序幕！

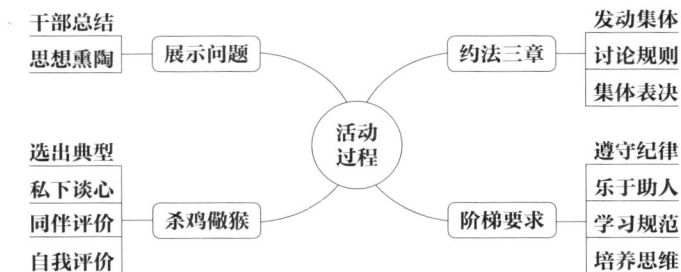

干部总结　思想熏陶　——　展示问题　————　活动过程　————　约法三章　——　发动集体　讨论规则　集体表决

选出典型　私下谈心　同伴评价　自我评价　——　杀鸡儆猴　————　活动过程　————　阶梯要求　——　遵守纪律　乐于助人　学习规范　培养思维

　　心理学有个效应叫"登门槛效应"，处理问题，在不温不火、冷静理智中，我们先让学生认清问题，再解决问题，再找寻方向，提高要求。如此，慢慢提升学生自我效能感，从而慢慢实现学生的深刻自信，这才能从根本上解决问题。同时，在处理问题的时候，需要在扎实规范的基础上，再进行创新，才能真正把班级管理规范化、科学化和系统化。

思考延续 —— 理论基础 —— 登门槛效应

—— 实践思考 —— 规范常规 / 创新创意

第二章

毅力培养：宝剑锋从磨砺出

6. 毅力挑战方式
——7 天毅力挑战

活动案例

▲ 活动背景

朱永新老师说过："生命的意义在于挑战不可能。把不可能变为可能，生命就被书写为传奇。"毅力是一个人活得成功的重要的决定性因素；同时，人生路上遭遇坎坷困难，都需要坚强的毅力支撑。所以毅力培养极其重要。毅力训练的突破口是挑战不可能，为此，我班进行了"7 天毅力挑战"。

"7 天毅力挑战"的规则是每天一个小改变，后面依次叠加。如果当天没有做到，那么当天挑战宣布失败，并往后推迟一天，重新进行当日挑战，7 天后，能顺利挑战成功，就宣布毅力挑战成功。

```
活动          毅力是成功的前提
背景
              毅力是战胜苦难的支撑
```

▲ 活动过程

一、第一天——提前起床 30 分钟

早上，我早早地在家长群里发信息，"温馨提示：亲们，本周班上要搞

一个 7 天毅力挑战活动，宗旨是每天做出一个改变。这 7 天，我会提前一天说做什么。如果当天的挑战没有通过，第二天需要重来。烦请您帮助孩子每天完成。今天是挑战的第一天，任务是比平时早起 30 分钟。期待您的配合，谢谢！"

然后，我开始在班级讲早睡早起的好处，为第一天挑战的成功做铺垫。

我说："同学们，早睡早起有哪些好处呢？第一，能美容。不必擦一大堆保养品，气色自然好，皱纹会减少。第二，会变瘦。身体正常，代谢正常，身材更佳。"有同学哈哈大笑起来。

我顿了顿，继续说："第三，减少感冒生病的几率，因为体内循环良好，抵抗力变强。第四，早上有充分时间好好阅读，头脑清楚，吸收能力强，比在公交车拥挤的车厢内阅读，效果更好。"

说完，我鼓励大家："同学们，期待你们明天能提前半个小时起床，能挑战成功！"孩子们纷纷响应。

第二天，孩子们陆陆续续走到教室后，我们开始复盘，为后面的挑战积累经验。

我问大家："大家先分享一下今天早起成功的原因，好吗？"

伊莎举起手："老师，为了完成今天的毅力挑战，我昨天晚上很早就睡了。所以今天成功了。"

友涛开始发言："早上，我本来是想赖床的，但是妈妈督促我，今天要进行毅力训练，我噌的一下，就起来了。"

我一边听着孩子们的分享，一边提炼："做事有意识就能够提高毅力。"

袁飞站起来说："我本想赖床，但想到自己定下的目标，就不好意思不起来。"我立马在黑板上写"有目标感"。

有的孩子说："我调了五个闹钟，告诫自己要起来。"我马上书写"自我督促"。

有的孩子说："我醒过来，感觉时间晚了，但还是赶快爬起来。"

我告诉大家："这叫忧患意识。"

有的孩子说："今天早上，妈妈不停地督促我，我就起来了。"我在黑板上写"外力督促"。

最后我总结："如何能够早起？有意识、有目标、自我督促、外力督促、忧患意识。"

"总结了挑战成功的原因，还需要总结挑战失败的原因，这样能在后面引以为戒。"

"我忘记了。"

"我告诉自己，再多睡一分钟。"

"我本来设置好了闹钟，但是被窝太暖和了，所以挑战失败。"

"我本来起来了，但倒在沙发上，又睡着了。"

接着我缓缓地总结道："同学们，我们为什么会挑战失败？是因为纵容自己，自制力不够，喜欢找借口，不果断等。梁启超说：有毅力者成，反是者败。毅力是成功路上不可或缺的奠基石。愿我们吸取教训,后面引以为戒。"

二、第二天——早起时做有意义的事

第一天的挑战是早起 30 分钟，可是，很多同学起来后却无所事事。于是我们提出第二天的挑战内容：利用早起的 30 分钟做有意义的事情，提升大家的做事效率。

第二天早上，我们一起总结这样做的好处是什么。

袁飞说："今天早上我起来给自己做了一顿早饭。"

宏志说："以前从来没有看书的时间，现在我会用来看书了。"

有的说："老师，我用这段时间吃了早饭，叠了被子。"

有的说："我以前从来不做饭,现在跟着妈妈做饭了,体验了父母的辛苦。"

我接着问："大家联系自己的学习，从效率上看呢？"

孩子们禁不住都激动起来，"对，我觉得时间仿佛多了很多。"

"我可以背几个公式了。"

我总结道："所以，做一件有意义的事情，早起多好呀！"

挑战失败的同学看着成功的同学，也跃跃欲试，说："明天早上，我一定要早起，做一件有意义的事情。"

三、第三天——做一件打破常规的事

挑战提升效率后，需要打破常规。

我布置任务："同学们，这一次我们可要打破常规，做一件平常没有做过的事情。"

第二天，已经不需要交代，大家开始自觉分享。

子涵说："我今天早上用左手刷的牙，好别扭哟！"

张宁说："我今天走的时候，特意给妈妈说：妈妈我爱你。我妈妈被吓住了，但是不一会儿她就很感动啊！"

瑞琪说："我以前从来不吃早饭，今天特意吃了早饭，发现精神更好了呢！"

"哈哈，我今天早上用左手拿筷子了。"孩子们眉飞色舞地交流着。

我总结道："同学们，打破常规不仅能锻炼毅力，更能克服自己的定势。如果我们长期这样坚持，打破常规就是一种突破，一种超越，更是一种创新。"

我有些激动，"李嘉诚说过，所有的成功归结为一句话：'打破常规，看透现在，颠覆时代。'俞敏洪也说过：'创新更多的是一种头脑的改变、思维的改变，是价值观的改变。只有当思维改变了的时候，所有的一切才会与众不同。'所以打破常规就是突破思维的牢笼，突破思维定式，这样才能发掘自我潜能。"

四、第四天——克服一个弱点

对一个人最大的挑战是如何去克服自己的弱点。能克服弱点的人就是有毅力的人。

这次，我直接布置："同学们，今天我们的任务是克服自身的一个弱点，同时，我们再一起克服集体的一个弱点，因为我们平时爱说话，今天我们来一个沉默日。"

"啊，不说话能行吗？"有同学露出担心的表情。

"我们可以用手势表达啊。"有的同学开始提议。

说做就做，当天，只要有人说话，其他同学就用手势暗示。

第二天，孩子们已经自觉互相交流自己的心得。

张剑说："我今天克服的是把作业提前完成，我一直很拖拉，所以一到下课，就抓紧时间做作业。嘿嘿，后来发现只要重视了，我还真没有拖拉。"

向雷说："今天我很好奇，刚开始玩这个挑战还是比较能控制住自己的，教室里也都寂静无声。由于周围环境过于安静，我一下子就沉浸到数学题海中了。过了一会儿，我看见有的同学习惯性地转过身去问同学问题，但是他还是迟疑了一秒，眼里似乎闪过什么。他又飞快地拿起了一张纸，把要说的话写下来。其他同学，有的在表演'哑剧'，有的在比手画脚，有的在用'脑电波交流'。教室里静得出奇。"

还有同学说："我今天把要说的话全都写在黑板上，果真没从嘴里说出一句话！"

我笑了，说："同学们，今天为什么要做这一个挑战？是希望大家能明白：所有的恶习都是可以铲除的，所有习惯都是可以改变的。因为顽强的毅力可以戒除坏习惯，同时在克服弱点的时候，我们也锻炼了自己的毅力。"

"老师，我失败了。我本来不想说话，可是还是没有忍住。"宏志怏怏不乐地说。

"那做到的同学帮助宏志，说说怎么才能挑战成功。"我继续引导。

"我不断地提醒自己，然后确实忍不住的时候，我告诉自己：忍一忍，就成功了。"

"看来克服弱点首先需要下定决心，有坚韧的信念；其次是不断保持警醒；最后是克制自己，绝对不让欲望占据上风。"我总结道，"克服弱点，是考验一个人的毅力的关键。今天的实验仅仅是一个开始，能坚持长久的，才是真正有毅力、意志力坚强的人啊。"孩子们默默地点点头。

五、第五天——做好人好事五件

早上我布置任务："今天的任务很轻松，也不轻松。"

"啊，什么啊？"孩子们开始好奇了。

"做五件好事。下午我们进行总结。"

"这有什么难的。"

"别着急嘛，同学们，难不难下午才知道啊。"我扮了个鬼脸说。

下午，我走到教室："同学们，做完五件好事了吗？"

有的同学一脸慌张，有的同学绞尽脑汁思索。

"我给同桌捡起来一支笔，老师，也算吧？"

"都算，都算，好事不论大小。"

"那我陪好朋友一起吃饭也算。"宇航毫不示弱地说，惹得全班哈哈大笑。

"同学们，你们不是说很简单吗？一个人做一件好事容易，可是在一天内做五件好事，还是有一些难度，如果我们能坚持每天都做五件，那更是不容易。所以做好事不是一天两天，当一天好人容易，做一辈子的好人，那就需要毅力了。"我意味深长地说。

"同学们，这才是我今天给大家做这个挑战的真正意义所在啊。什么叫毅力？那就是坚强持久的意志。能坚持做好一件小事就是毅力。"

六、第六天——找个陌生人公布梦想

这个任务布置在周末完成。

周五下午，放学的时候，我告诉大家："同学们，周末出去玩的时候，记得把自己的梦想公开给陌生人。"

"啊——"教室里一片鬼哭狼嚎。

"这个不好实现啊。"

"别人会不会说我是神经病啊。"孩子们议论纷纷。

"同学们，正因为这个有点难，所以我们才让大家挑战。同时，敢于把自己的梦想告诉陌生人，那说明你在为自己的梦想加一个承诺。"我引导着，"要不这样，你就走上前说:您好，我是××，我的梦想是××，请支持我，请帮我签下名。"

"啊——"有的同学还在唏嘘不已。

"如果还是觉得尴尬，你就这样说：您好，打扰一下，因为我们在做一个活动，需要公布自己的梦想，所以今天我找到了您，我的梦想是××，请帮我签一下名，好吗？"

"万一遇到坏人怎么办？"又有同学嚷嚷。

有同学开玩笑地说："老师，不要和陌生人说话。"引得全班一阵哄笑。

"这个，大家就要注意看清楚了。晚上，我们在群里交流哟。"

晚上，我开始小心翼翼地问大家："同学们，今天挑战得如何？"

"老师，我完成了。"

"老师，你不知道，刚开始还是很尴尬，可是后来成功后，我就觉得梦想既然敢公布给陌生人，那我就需要为自己的梦想努力。"

"我找的是一个老奶奶，她还鼓励我呢。"

"有没有没有完成的同学？"我继续问。

群里沉默。我明白，不管如何，还是有孩子不敢突破这一步。

我继续说："孩子们，也许有的同学是因为害羞，有的同学是因为今天周末忘记了，放松了。不管如何，我都要告诉大家，敢主动走近陌生人，这就是战胜自己的第一步，还敢公布梦想，那就更不简单了。恭喜挑战成功的同学，每个人都有做梦的权利，公布了梦想，愿你们以后的日子更好地守护你的梦想！为自己的梦想行动才是关键啊。"

七、第七天——给父母做顿饭

最后一个挑战，是孩子们在周末为自己的父母做饭。当我布置出来的时候，孩子们说："老师，这个好实现。"

果然，这一次，家长群里不断有家长在发自己孩子买菜做饭的图片。张明做了蛋炒饭，孩子说："我从来没有给爸爸妈妈做过饭，今天可是第一次。"子涵做了寿司，颜色鲜艳又好看。张鑫给妈妈炖了汤。有的孩子为了完成这个作业，是专门在父母的指导下完成的。

家长群里也是热闹非凡，整个群里荡漾着温暖。

整个挑战结束。周一的时候，我开始统计挑战成功的同学，班上一半的同学坚持做完。我总结道："恭喜我们坚持做完的同学们，这一个七天挑战，也是我们每一个人意志的挑战，我们做了自己不敢做的。这七天，有习惯、有品德提升、有创新、有克服弱点、有梦想公开、有感恩表达，这些都是我们生活中需要的。如果我们能一直坚持做下去，我们一定会成为一个有毅力、有恒心、能担当、了不起的、会成功的人！"

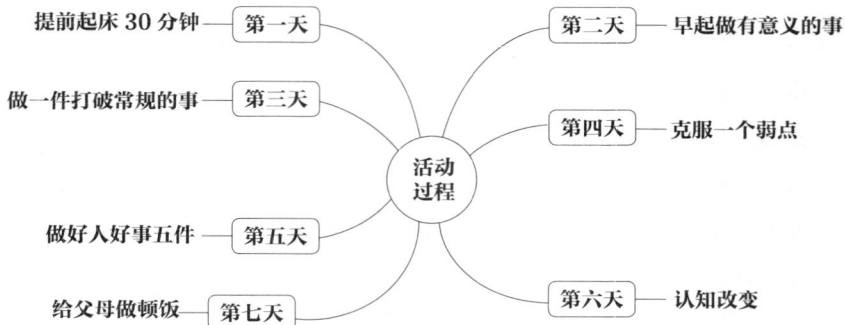

提前起床 30 分钟 — 第一天

第二天 — 早起做有意义的事

做一件打破常规的事 — 第三天

第四天 — 克服一个弱点

活动过程

做好人好事五件 — 第五天

给父母做顿饭 — 第七天

第六天 — 认知改变

思考碰撞

　　七天毅力挑战，把看似普通的事情，通过挑战的方式完成，这里面需要坚定的信念、刻苦的磨砺、勇敢的突破、不懈的坚持等的聚集和迸发。完成这一过程，其实就是对毅力的培养和锻炼的过程。七天毅力挑战，是勇气的挑战，是对目标矢志不渝的体现！

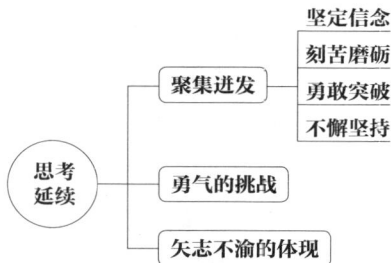

思考延续

聚集迸发
坚定信念
刻苦磨砺
勇敢突破
不懈坚持

勇气的挑战

矢志不渝的体现

7. 毅力巩固技巧
——两周毅力课程

活动案例

▲ 活动背景

《意志力是训练出来的》一书中说到一个观点："意志力既是天生的、神赐的力量，又是可以通过训练得到提升的力量！"百度百科词条说，毅力也叫意志力，是人们为达到预定的目标而自觉克服困难、努力实现的一种意志品质，是一种心理忍耐力，一种持久力。

为提升学生的毅力，我班进行了一个训练毅力的课程，以两周为一个期限，每天5分钟。

活动背景 ——— 阅读《意志力是训练出来的》

活动背景 ——— 规则制定 ——— 两周期限 / 每天5分钟

▲ 活动过程

一、自我检测——明确毅力强弱

为了让孩子们能投入有目的的毅力训练中，我们先进行了明确目标的启动仪式。

我告诉孩子们："毅力强的人更能掌握自己的命运，并有更强的克制力、忍耐力、决断力和爆发力。拥有毅力的人，他的目标更明确，信仰更坚定，他无论遇到多少艰难险阻，崇山峻岭，绝壁断崖，都能够在人生旅途中意气风发。"

"老师，我做一件事情总是会知难而退，我想锻炼一下。"有同学表达了自己的愿望。

"可以啊，毅力是可以被训练的。在训练之前，我们需要明确地知道自己毅力的强弱，我们按照八个等级来划分，大家看看自己的毅力处于哪个等级。"孩子们开始议论纷纷，对此表示感兴趣。

毅力强弱阶梯表

毅力阶梯	类型	特征	诊断自己
第一级	等死之人	浑浑噩噩过日子，懒散，无所事事。	
第二级	奴隶	做事被动，靠压力做事。	
第三级	拖延症患者	喜欢找各种借口，不能在当天完成既定的任务。	
第四级	起跑者	心血来潮，突然对一件事着迷，愿意花时间去研究，但是坚持不了多久。	
第五级	中途逃兵	坚持一段时间又中途放弃。	
第六级	慢跑爱好者	情绪波动小，有一定意志，并能朝着自己的目标前进，但是这一类人速率不高。	
第七级	勇士	喜欢接受挑战，越是困难来袭，毅力就会越强大，他们既有毅力，同时又有自控力，还对生活充满激情。	
第八级	长跑冠军	懂一张一弛，需要时意志力就上来了，但是保持体力时，又能让意志力变得持久，一般是各个行业的顶尖人物。	

（注：表格内容整理自《意志力是训练出来的》一书。）

"我感觉自己是拖延症患者。"

"我觉得自己是起跑者。"孩子们开始对号入座。

我继续引导道："不管我们现在处于哪一个阶梯，我们都可以通过修炼来增强自身的毅力。所以，毅力是可以通过修炼增强的，让我们摆脱脆弱的自己。我们所处的阶梯越靠下，修炼的效果会越明显。大胆承认自己的脆弱不是丢脸的事情，让我们有计划有目的地训练自己的毅力。"

二、操作指南——明晰具体事宜

接着，我给孩子们交代做毅力训练的具体事宜。

训练原则：

讲究计划为先，然后循序渐进，不要逞强，量力而行。

训练心态：

1.对训练项目感兴趣的热情。2.精力充沛，顺应自然的平常心。3.说做就做的决断心。4.坚持下来的耐心。5.能理解这项训练的意义的同理心。6.每一项都能积极去做的责任心。7.对不完成的现象敢于批评指正的正直心。8.能一如既往坚持的恒心。

时间规范：

两个5天为一个周期，周末两天休息。每天进行10分钟。不耽搁正常的生活运行。

具体流程：

1.每周一提前公布训练内容。

2.每天下午的自习课固定10分钟进行。

3.每一个步骤之后，需要坚持随笔记录和反思。具体可以从今天完成的情况如何，进步在哪儿，明天将如何改进等方面写。

4.进行小组交流，互相学习。

评价总结：

1.通过一个周期的训练，评选出单项优秀毅力训练能手。比如视觉训练能手、嗅觉训练能手。

2.训练奖励不断升级。

坚持完一个周期，评选出"单项训练能手"，奖励向家长报喜。

坚持半学期，评选出"毅力小达人"，奖励一周免作业。

坚持一学期，评选出"全能毅力王者"，奖励免假期作业。

三、塑身训练——强化毅力意识

强化毅力需要从三个方面进行训练，学习了《改变命运90%靠意志》一书后，我们开展了感官训练、思维训练和习惯养成训练。

（一）感官训练

心理学家罗伊斯教授在《心理学概论》中说："在成长过程的每一个阶段，精神活动的维持与发展都要依赖于感觉器官的经常而正确的运用。任何哪怕是最高层次的内在精神生活的培养都必然涉及对感觉器官的培养。"所以毅力课程我们先从感官训练开始。

视觉训练——火眼看珠法

训练目的：培养一种有穿透力的注意力，养成持久而专一的注意力。

训练准备：彩色珠子50颗，每种颜色各10颗。同时准备装珠子的敞口瓶。

训练方法：把所有珠子混合在一起，放在一个敞口瓶子里。训练的时候，请两手迅速地各抓一把珠子，并迅速地放在桌子上，然后在两秒钟内记住三种颜色的珠子的数目，最后凭自己的记忆把数字写出来。

训练关键：将全部精力投入看物体的眼神中，而不是简单地将目光投放在物体上。

训练规则：

1. 准备的珠子足够。

2. 观察的时间严格限定在两秒钟。

3. 用记忆的方式而不是猜测的方式写下看到的珠子的数目。

4. 每天一次，坚持10天，注意记录自己进步的方面。

听觉训练——非诚勿扰法

训练目的：通过抗噪音来培养抗干扰的能力。

训练准备：一段五分钟的噪音录音。

训练方法：把噪音录音放出来，要求孩子们凭着自己的意志，把噪音关闭在自己的意识之外。

训练关键：排除其他干扰的声音，主要取决于一个人的精神的投入。

训练规则：

1. 放噪音的时间逐步增加，由 5 分钟增加到 10 分钟、15 分钟、20 分钟、25 分钟、30 分钟，直到第 10 天的 50 分钟。

2. 记录自己在噪音下注意力能坚持多长时间。

3. 以两个 5 天为一个周期，每 5 天休息两天。

4. 注意记录自己的抗干扰能力的变化。

味觉训练——五味俱全法

训练目的：通过品尝味道，提升自己的注意力、辨别力和判断力。

训练准备：准备好胡椒和辣椒。

训练方法：把一颗胡椒放在舌尖上，从刺激的感觉中感受味道，然后换上辣椒，从而区分两者的不同。

训练关键：感知味觉需要集中注意力，强大的辨别力和判断能力。

训练规则：

1. 每天练习一次，每次 5 分钟，以两个 5 天为一个周期，每 5 天休息两天。

2. 味觉感受要越来越细腻。

3. 注意记录自己的进步。

嗅觉训练——芳香扑鼻法

训练目的：提升嗅觉的敏锐度。

训练准备：每天摘两种不同的花。

训练方法：分别闻一闻两朵花的香味，然后马上回忆前一朵花的香味，再回忆后一朵花的香味，最后比较两种花香的不同。

训练关键：每天坚持训练，最后一闻到就能迅速在大脑里反应是什么花。

训练规则：

1. 建议每天摘的花是不同的。

2. 每天练习一次，以两个 5 天为一个周期，每 5 天休息两天。

3. 每天要闻出不同的香气区别。

4. 用日记的形式记录。留意自己的嗅觉敏锐度是否提升。

触觉训练——不期而遇法

训练目的：培养触觉感受的耐心。

训练准备：两人组合，准备橡皮、尺子和笔。

训练方法：

1. 一个人拿出橡皮、尺子和笔，另一个人闭上眼睛，睁着眼睛的同学把这三样物品摆放在桌子上，闭着眼睛的同学通过手的触摸，估算一下各个物品之间的距离。然后睁着眼睛的同学用尺子量出相邻物品之间的距离，并记录在本子上，让闭着眼睛的同学按照刚才自己感受的距离再摆一次，睁着眼睛的同学再量一次，再做记录，看两次摆放的距离有多大差距。

2. 两个人交换角色互相训练。

训练关键：触觉产生的感觉强弱与注意力是否集中密切相关。

训练规则：

1. 闭着眼睛的同学在估计距离的时候，不能用手掌或者手指作测量工具。

2. 还可以左右手进行对比，看哪一只手估计得更准确。

3. 每天练习一次，以两个 5 天为一个周期，每 5 天休息两天。

4. 闭着眼睛的同学估计摆放的差距越小，就越成功。

5. 留意自己的变化和进步的原因，并记录。

身心控制训练——身心合一法

训练目的：用积极的心理暗示训练意志力。

训练准备：保持心态平和的状态。

训练方法：身体直立，尽量往上拉伸，把精力专注于站立中，然后平静积极地暗示自己：我活力、我健康、我快乐。在心里默数 100 个数，这样反复六次。

训练关键：积极的心理暗示很重要。

训练规则：

1. 训练时间为一次 10 分钟，以两个 5 天为一个周期。每 5 天休息两天。

2. 保持内心积极。

3. 中途身体不要摇晃，坐姿不要僵硬，也不要松松垮垮地坐着，姿态尽量舒展、自然。

4. 留意自己心态的变化和进步。

（二）思维训练

专注力训练—— 一心一意法

训练目的：培养一心一意，持续的专注力。

训练方法：保持安静，大脑一片空白地保持 3 秒钟，然后开始考虑一件事情，排除其他所有想法，把专注力集中在这件事情上，并顺着这件事思考下去，思考后，写出来。

训练关键：持续毫不松懈的专注力是毅力锻炼中最关键的点。能够把不喜欢的事情集中精力去做，就有较强的毅力了。

训练规则：

1. 第二天同样是同一件事，继续思考，继续记录。

2. 两个 5 天为一个周期，每 5 天休息两天。

3. 坚持记录 10 天，看自己的进步。

理解力训练——听说读写法

训练目的：通过阅读来提升理解力。

训练准备：全班共读一本书，同桌的两个人组合成对子。

训练方法：每天在固定时间看书，尽量默记作者提出的观点，再用笔写下来，然后用自己的语言叙述给同桌听，同桌纠正不正确的地方。

训练关键：能把阅读的内容理解融会贯通，不停地深入思考。

训练规则：

1. 每天达到一定量的阅读。

2. 坚持记录并叙述出来。

3. 记录自己阅读的进步。

思考力训练——零秒思考法

训练目的：培养深入思考和持久思考的能力。

训练准备：A4 纸，笔。

训练方法：

1. 静心到没有人能干扰你。

2. 在 A4 纸的左上角写上你的困惑，然后画一条横线，在横线下面写你克服困惑的办法。

3. 方法要写 3~6 个，不能更多，更多会没有重点，也不能少于 3 条，太少表示思考得不认真、不透彻。

4. 每一条不能只写几个字，至少要写 20 个字。

训练关键：一个人精神的强大才是真正的强大，思考出解决问题的对策是关键。

训练规则：

1. 用 A4 纸来写。

2. 每个问题写 3~6 个答案。

3. 每个答案不少于 20 个字。

4. 解决问题要从多角度思考，相似的答案算 1 个。

5. 以 10 天为一个周期，还可以延长到 3 个月、6 个月。

记忆力训练——校园游览记忆法

训练目的：增强记忆力。

训练方法：在校园走一圈，尽可能回忆自己看到的东西，然后回来记录下来。

训练关键：一个人真正健忘的原因是精神的松懈和懒惰。克服健忘只有一个方法，那就是刻意记住。

训练规则：

1. 观察校园每一天的变化。

2. 特别是同一个地方的细节变化。

3. 以 10 天为一个周期，每 5 天休息两天。

4. 坚持记录。

想象力训练——奇思妙想法

训练目的：培养想象力。

训练方法：选择一首有想象力的诗歌，理解诗歌中的词，并想象成图画，描绘出想象的场面。

训练关键：不断地发挥联想的能力，同时要能每天坚持。

训练规则：

1. 一首诗坚持 10 天。

2. 每天在原来诗歌的基础上继续想象。

3. 坚持记录。

（三）习惯养成训练

一个人犯错，首先是缺乏自制力，另外是习惯的力量，如果想改掉坏习惯，就需要刻意练习，最后就会形成毅力。

说话方式训练——脏话划掉法

训练目的：克服说脏话的习惯。

训练方法：把经常说的脏话列举出来，知道这些语言的粗俗，随时提醒自己不说脏话。每天控制自己不说脏话，做好记号，当天说脏话，重新开始。

训练关键：改变不良的习惯，从一个小习惯开始。

训练规则：

1. 以 10 天为一个周期。哪一天说了脏话，重新开始。连续坚持 10 天算成功。

2. 每天记录自己克服的过程，看到自己的改变过程。

控制情绪训练——热情加油站

训练目的：培养乐观积极的品质。

训练过程：每天做好三个练习：微笑练习，赞美一个人，自我鼓励。

训练关键：一个人的情绪会影响自己的意志。

训练规则：下午进行总结，坚持 10 天。

克服粗心训练——走不同路线上学

训练目的：养成细心的习惯。

训练方法：每天上学、放学走不同的路线。

训练关键：挑战不可能，克服定势。

训练规则：

1. 坚持 10 天。

2. 每天进行总结。

视觉训练—火眼看珠法
听觉训练—非诚勿扰法
味觉训练—五味俱全法
嗅觉训练—芳香扑鼻法
触觉训练—不期而遇法
身心训练—身心合一法
——感官训练

专注力训练—一心一意法
理解力训练—听说读写法
思考力训练—零秒思考法
记忆力训练—校园游览记忆法
想象力训练—奇思妙想法
——思维训练

说话方式训练
控制情绪训练
克服粗心训练
——习惯养成训练

——塑身训练

1. 系统阅读
2. 粗浅阅读——自我检测毅力

活动过程

训练心态
两个5天为一周期
——操作原则

周一公布
每天5分钟
操作后记录
小组交流
——具体流程

评价总结—升级奖励

——操作指南

思考碰撞

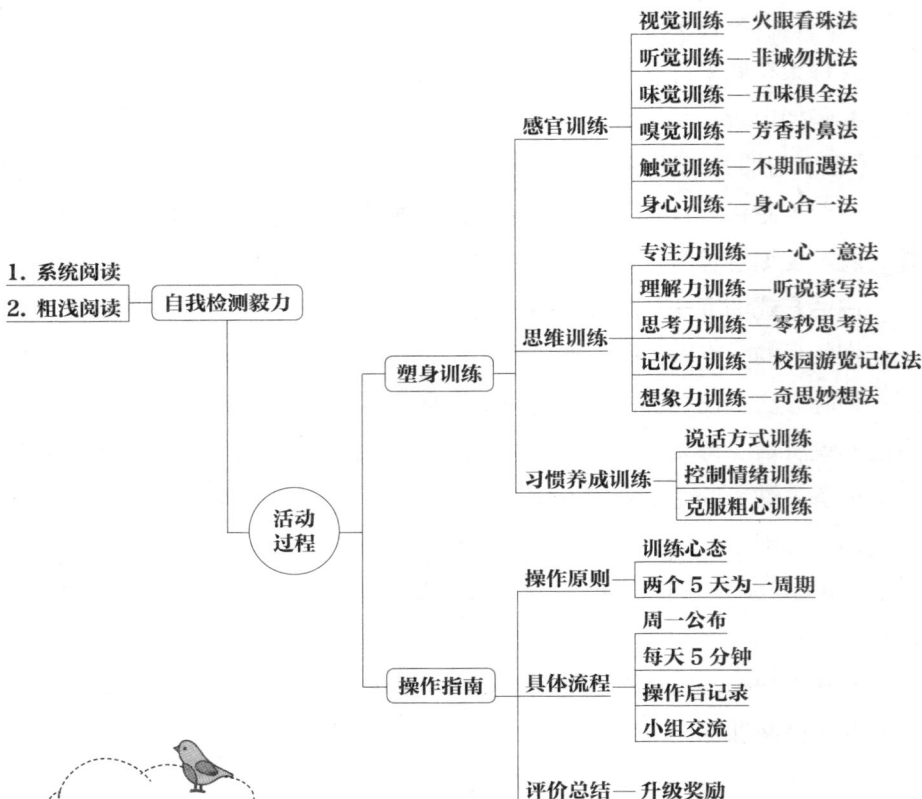

　　毅力课程的开展，培养了孩子们的爆发力、忍耐力、自强力、克制力和决断力。特别是面对每天枯燥单调的训练，并且记录，这就是毅力养成的关键。如今，我们班已经把毅力训练课程形成了一种常态。我相信，一个有毅力的人，哪怕生活的激流涌现万丈峭壁，因为他的坚持，因为他的自制，因为他的坚韧，最后也会变成壮丽的瀑布！

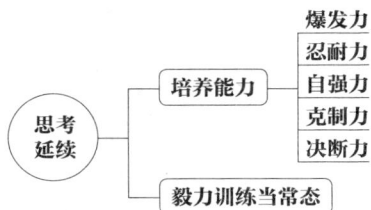

爆发力
忍耐力
自强力
克制力
决断力
——培养能力

思考延续

毅力训练当常态

8. 毅力关键时刻
——决心、静心、恒心

活动案例

▲ 活动背景

在面对困难坚持不住的时候，最考验一个人的毅力。这个时候，往往需要坚定自己的决心，保持自己的静心，坚守自己的恒心。

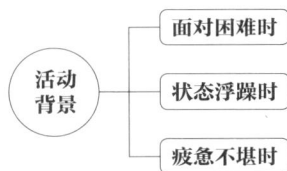

```
        ┌─── 面对困难时
 活动   │
 背景   ├─── 状态浮躁时
        │
        └─── 疲惫不堪时
```

▲ 活动过程

一、面对困难时——坚定自己的决心

升入初三，随着科目的增多和学习强度的增加，有的孩子对学习只有三分钟热情，有的会因为偶然的失败而自暴自弃，有的会急功近利，急于求成，最后屡遭失败。

在面对挫折的时候，在无法坚持的时候，我们更应该坚定自己的决心，把坚持不懈变成一种常态，锤炼自己的抗挫能力。

抗挫力是一个人做事能否成功的关键因素，如果孩子们形成了抗挫力，在以后人生面对困境的时候，就不会显得那么手足无措。为了培养孩子们的抗挫能力，我们进行了 21 天跳绳毅力挑战，规则就是：在 21 天中，要求孩子们每天在操场上跳绳 700 个，并且风雨无阻。

这不，坚持到第 18 天的时候，天公不作美，下雨了。有的孩子开始打起了退堂鼓，到寝室问我："老师，今天锻炼吗？"我犹豫了，怎么办？锻炼，万一孩子们淋感冒了怎么办呢？但如果我们中途放弃，毅力挑战不就半途而废了吗？抗挫能力培养最关键的时候，就是我们无法坚持的时候，狠狠心，咬咬牙，挺过去就是胜利。

于是，我义无反顾地比了一个 OK 的手势，说："既然是毅力挑战，在风雨中奔跑，不惧怕风雨，不正是我们需要的抗挫力吗？对，今天就要来一个风雨中的毅力挑战。"听我这么一说，几个孩子毅然向沙沙的风雨中冲去，奔跑到教室。"对，同学们，毅力挑战，越是困难，越是欢快，我们需要的是这样的抗挫力。"我来到教室里，教室里已经来了好多同学，看着孩子们那奔腾的热情，一股暖流油然而生，我数了数，37 个孩子，全班一共才 40 个孩子。"哇，这么多！"我情不自禁地叫起来，"我以为今天下雨，只有几个同学呢！""老师，您太小瞧我们了！您不是说坚持不下来的时候，才是挑战毅力的时候嘛。"孩子们噘着嘴说。"是的，同学们，毅力训练就是要大家敢于挑战自己的弱点，敢于挑战不敢完成的事情！今天我们风雨中的锻炼就是有意而为。"

"对，我们豁出去了。"孩子们摩拳擦掌，一个个就像一只只兴奋的海燕，在走廊上欢快地飞翔。"干脆我们找一个没有雨的地方，阶梯外面，好像有块空地。"有同学提议道。

"不，我们就是要和风雨来一番搏斗！"

"不用犹豫了，就往操场上跑。"孩子们一边说，一边一个接着一个冲进了雨中。一个孩子唱道："他说风雨中，这点痛算什么，擦干泪，至少我们还有梦。"大家迎着风雨一路狂奔。有的孩子把帽子戴在了头上，我看在眼里，轻轻地说："同学们，一个人的强大，是心灵的强大，只要你内心足够强大，就不用担心感冒。"孩子们毅然把帽子摘掉。在风雨中，一条条绳子伴着大家轻快起跳的身体，和着呼呼风声，沙沙雨声，就像一曲壮观的交响乐曲。

一个，两个，三个……雨已经把地面打湿了，可孩子们仍然精神抖擞地在雨下跳动着。我的心震颤了，没有比这更好的毅力挑战了，因为一个人经受的痛、累、苦，都会成为他人生中宝贵的财富。700个绳，大家陆续跳完。为了巩固大家跳绳的毅力，我告诉大家："同学们，当自己累得不想动的时候，才是毅力挑战的关键时候，让我们再试一次1分钟跳绳吧。"哗啦啦，操场上响成了一片，没有偷懒的神情，也没有懈怠的动作，一切都在不言中进行。

跳完这一轮，我继续告诉孩子们："这个时候，最难的时候，才最能检验一个人的毅力。"

"好，再来一次！"孩子们响应着。"呼呼""呼呼"。我听到了孩子们的喘气声，但听不到一丝埋怨的声音。

跳完第三轮，我把孩子们集中起来，说："恭喜我的孩子们，今天你们顺利通过了第18天毅力挑战，风雨中更是别有一番滋味。所以，经历了，就明白了，在以后的人生路上，今天将成为一份美好的回忆。今后，遇到困难的时候，当我们扛不住的时候，想想今天，我想无形的力量将成为我们困难中的温暖！"

"他说风雨中，这点疼算什么，擦干泪，不要问，为什么……"大家已经一起高声地唱起来，操场上空回荡着孩子们不屈的声音。小事情也大有作为，一次普通的跳绳，一个普通的下雨天，就是锻炼孩子们毅力的关键时候，也是养成抗挫力最好的时机，让孩子们多了一分面对困难的从容和坦然，勇气和力量！

坚定的决心是一种力量，有了坚定的决心，一个人考虑的就不是是否成功，而是如何前进，如何走得更远。无论路上有高山、河流、沼泽，都会去认真穿越，所以，坚定的决心是培养意志的关键因素之一。

二、状态浮躁时——修炼自己的静心

意志就是善于控制自己的行为，而培养意志力从增强自控力开始，增强自控力从静心开始。

这段时间，孩子们上课注意力不够集中，需要静心。于是，我想利用这件事情培养孩子们的意志力。

这天自习课，我直接和孩子们摊牌："最近有很多同学上课注意力不集中，只有控制住自己内心的浮躁，才能真正地沉静下来。要不我们今天来训练一下如何静心？大家愿意跟着我一起做这次训练吗？"只见孩子们眼里充满了期待。

于是我开始交代："同学们，跟着我一起，原地不动，两脚平放在地上，安静地站好，背挺直，双手放在膝盖上，调整胳膊的位置。心情不要烦躁，如果有想说话的冲动，就克制自己。注意眼睛看着前面的电子白板。"孩子们有的正襟危坐；有的左右晃动；有的东张西望。

我观察着孩子们，提醒道："心情不要躁动，注意控制自己的心。"

一分钟过去了，看大家基本安定，我开始交代第二步："注意调整自己的呼吸。盯着黑板看，吸气的时候，心里默念'吸气'，呼气的时候，心里默念'呼气'。如果发现走神，就告诫自己要坚持。"

孩子们慢慢进入了角色，有的孩子把眼睛闭上；有的孩子低下了头；有的有意识地排除干扰，逼着自己盯着一处看。教室里一片安静。我压低声音，提醒着孩子们："注意呼、吸、呼、吸。"

时间大概又过了一分钟。我开始交代第三步："感受呼吸，弄清楚自己为什么走神。几分钟后，不要默念'呼''吸'，这样更容易走神，把精力调整到胸腹部的收缩，把注意力调整到呼吸上。"孩子们低着头，我轻柔地说："注意力放在腹部的收缩，自己走神的时候，马上告诫自己。"时钟一分一秒地过去，我的心跟着孩子们沉静着，教室里静得可以听到大家的呼吸声，时钟嗒嗒地走着，三分钟慢慢地在寂静中流走。

接下来，我宣布："好了，恭喜大家，注意力训练成功，下面请你们谈谈自己的感受。"

孩子们异常兴奋。颖婷高兴地说："感觉周围的事情都没怎么看到，只知道自己在呼吸。但有时候，眼睛还是不自觉地看白板上的字，不自觉地走神了。不过一听到吴老师的声音，思绪立马又回来了。看来是自己心思太杂，容易被周围的事扰乱，心没有静下来。"

一红说："在吸气呼气的过程中，感觉注意力都集中在一个点上，让我更加聚精会神，精神也更好了，坐姿也更加端正。我觉得坐姿端正也能让精力更集中。"

刘倩说："心中不去想其他的事情，只要把注意力集中，只想你该想的事，不想其他的，心中便没有杂念。"

芷涵说："其实这个过程很艰难，一会儿我就走神了，老师的声音适时响起：'不开小差，马上调整。'然后我赶紧移动目光，等恢复视觉以后，又望上去，上面每一个闪动的点都那么有吸引力，我从没这样在乎过自己的呼吸。"

孙力说："刚开始，感觉浑身不舒服，后来，我慢慢调整自己，控制自己，心就静下来了。最后把眼睛闭上，我感觉到了自己的心跳，慢慢地，我没有那么浮躁了，最后，精力就集中了。"

看着孩子们都有一定的收获，我接着引导："同学们，其实培养注意力，就需要静心，长期坚持，就能增强意志力，从而增强我们的毅力。"

三、疲倦不堪时——坚持到底的恒心

在培养意志力的过程中，在坚持不住的时候，恒心发挥着巨大的作用。挑战不可能的时候，保持恒心，尤为关键。

跳绳活动如期举行，但我得给孩子们增加挑战毅力的梯度和难度。我提前对大家说："同学们，这一次我们要学会在自己无法坚持的时候，坚守自己的恒心。俗话说：'今天很残酷，明天更残酷，后天很美好。'但大多数人都死在明天晚上，看不见后天的太阳，这就印证了'成功的路上并不拥挤，因为坚持的人并不多'这句话。做好一次很容易，而一直能做好，却很难。"

"老师，怎样才能让自己坚持下来呢？"有孩子嚷嚷。

"当我们停滞不前，当我们精疲力竭，当我们面临失败，仍然能保持恒心，就能坚持下去。今天我们来体验一下，好吗？"我微笑着说。

"今天我们跳绳三轮，三个一分钟，三次挑战，三次分别数一数自己跳绳的个数。"孩子们已经做好准备。

"第一个一分钟，请努力跳，数一数自己跳绳的个数。同学们，一鼓作气哟！"只见孩子们精神抖擞，信心百倍。大家竭尽全力在跳，绳在孩子们的手里快速地翻转着。一会儿工夫，大家生机勃发地完成了一分钟挑战。

"老师，一分钟，毛毛雨啊。"有同学轻松地摆摆手说。

我默不作声。继续进行第二轮："同学们，第二次一分钟，挑战自己不要死绳。这一次难度增加了哟。如果死绳，就宣告体验失败。"

孩子们跳得小心翼翼，有的同学死绳了，操场上发出此起彼伏的嗷嗷声。

有的孩子马上感叹："看来稍不留神，就会被自己的弱点害了。"

"对，同学们，决定一个人成功的不是我们的长板，而是我们的短板。所以时刻注意保持自己警醒的心，就是培养意志力，如此，才能让自己走向成功。"

这一轮下来，孩子们已经不如上一轮兴奋了。

"老师，好累哟。"

"可以休息一下吗？"有孩子央求道。

我冷静地说："同学们，一鼓作气，再而衰，三而竭。此时，才是真正检验我们毅力的时候。"我鼓舞着大家，"第三轮跳绳，挑战自己的疲劳。再坚持一分钟，不死绳，坚持一分钟，同时用 10 分制给自己的毅力打分。"一个人精疲力竭的时候，才是一种真正挑战自我的时候，人在极度疲劳的时候，坚持就是在增强毅力。

我把时钟调到一分钟的时候，看着大家有些疲劳的神情，知道大家此时才是真正需要恒心的时候。

同学们已经没有了刚才的兴奋，此时，最需要鼓励。我不停地在旁边打气。

"同学们，坚持住，坚持住，已经 30 秒了。"

"同学们，还有 10 秒，我们倒计时：9 秒，继续，8、7、6、5、4、3、2、1。"

"啊！"大家长长地舒了一口气。

我问大家："你给自己的毅力打分多少？"自我打分可以促进自我反思。

"8 分。"

"9 分。"

"6 分。"

"有没有打不及格的？"我问。没有人举手。

我继续说："同学们，我们的分值都没有不及格，说明我们完全有克服疲劳的恒心。当我们扛不住的时候，扛一扛，没有什么大不了。正如大家所说：真正的强者不是没有眼泪，而是含着眼泪，也要奋力奔跑！"

孩子们挺着腰板，眼睛亮闪闪的，仿佛疲劳也一扫而光。

要想养成毅力，需要有到达目标的恒心。如此，才能真正地坚持走到终点！

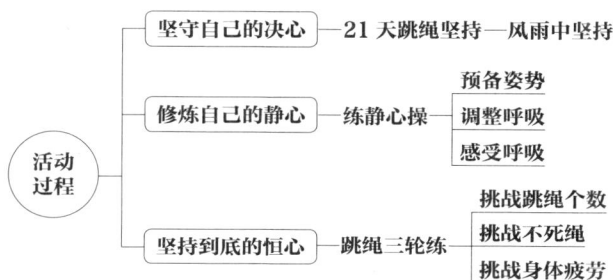

活动过程
- 坚守自己的决心 —— 21天跳绳坚持 —— 风雨中坚持
- 修炼自己的静心 —— 练静心操
  - 预备姿势
  - 调整呼吸
  - 感受呼吸
- 坚持到底的恒心 —— 跳绳三轮练
  - 挑战跳绳个数
  - 挑战不死绳
  - 挑战身体疲劳

思考碰撞

坚定的决心是一种自我引导的精神力量，是意志养成的第一阶段，是开启毅力源源不断的力量源泉；在意志养成的旅途中，用静心来沉淀和过滤，才能修炼自己，提升自己；在漫漫旅途中，坚持到底的恒心是走向成功的关键，也是毅力养成的关键！

所以，毅力的养成过程，离不开坚持目标的决心，专注当下的静心，持久不变的恒心！

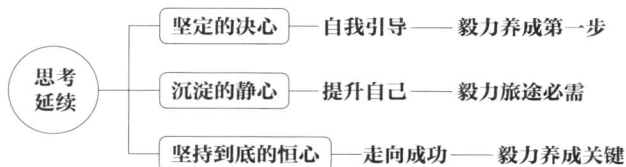

思考延续
- 坚定的决心 —— 自我引导 —— 毅力养成第一步
- 沉淀的静心 —— 提升自己 —— 毅力旅途必需
- 坚持到底的恒心 —— 走向成功 —— 毅力养成关键

9. 毅力动感时分

——日常事务养意志

活动案例

▲ **活动背景**

冬天到了，百花凋零，漫步在校园里，阵阵梅花香气沁人心脾，给这个寒冷的冬天一丝别样的韵味。在这复习最受煎熬的日子里，我是不是应该让这样的香气给孩子们带来一丝新意，给他们一点启发呢？

校园里的梅花我们不能随便采摘，我想，让孩子们自己带来不是更好吗？而且最好是能够给大家一个惊喜。

▲ **活动过程**

一、开端——几经周折买梅花

我悄悄问班上两位最热心班级事务的孩子，能不能买到一些梅花，身边的同学也想过来凑凑热闹。

我故意眨了眨眼睛，"保密哟！"两个女孩相视而笑，然后开始悄悄地行动，可事情并没有想象中顺利，下午放学后，她们走遍了自己所在的街道，都没有看到卖梅花的人。好事多磨吧，我不正是希望，让大家感悟梅花的精神吗？

第三天早上，我如往昔一样，来到教室，窗台上的梅花星星点点地吸引了我。啊，终于找到了，我一阵惊喜。

采梅的雅婷笑得正甜，悄悄告诉我："老师，找了这么多天，我终于找着啦！"

"好事多磨，好事多磨！"我喃喃道，兴奋地拿着梅花，迫不及待地问大家："同学们，闻到梅花香气没有？"有的孩子用黯淡的眼神告诉我，没有！看来我得想办法让孩子们提起兴趣。

二、发展——争先恐后闻梅花

我拿着梅花，走到每一个孩子的位置前，此时教室里才开始沸腾起来。

"老师，我也闻闻！"

"老师，我也要闻！"我挨着走到每个孩子跟前。有的孩子拿着梅花使劲嗅，有的孩子文雅地和梅花隔着一段距离，陶醉地轻轻闻了一下。

大家都说："闻到了！"

有的孩子还说："老师，我可以摘一朵吗？"为什么不能呢？让大家感受梅花，我"预谋"已久。孩子们小心翼翼地摘下了一小朵，在位置上仔细观赏着梅花。

此时，我话锋一转，说："同学们，大家刚才都说没有闻到梅花香，梅花虽然低调、默默无闻，但是停留在教室里的时间越长，味道会越浓烈哟！"大家半信半疑地看着我。

三、高潮——多个角度品梅花

为了让孩子们能够领悟到我的真正目的，我走上讲台，郑重其事地说："同学们，这是熊露云、许雅婷同学找了很久才找到的，虽然校园里也有梅花，但是我们不能随意去采摘。大家看，校园里的梅花让我们都熟视无睹，今天我们把梅花采摘到教室里，是不是别有一番风味呢！"

"老师，我们天天复习，哪有时间去赏梅哟！"有个孩子唉声叹气地说。

"对，越是这时候，我们越应该不要忘记生活的乐趣！"我笑着告诉孩子们，"那我们今天就来感受一下梅花的精神！"

"老师，我喜欢梅花的坚强！"

"梅花不怕天寒地冻！"

"在百花都凋零的时候，只有梅花怒放着！"

"综合起来，大家不就是喜欢梅花的顽强、不怕困难嘛！"

"嗯！"大家使劲点着头！"同学们，虽然是老生常谈，但对我们期末是不是有很多鼓舞的味道呀！"孩子们若有所思。

于是我继续追问："有哪些关于梅花的诗句呢？"

"墙角数枝梅，凌寒独自开。"

"零落成泥碾作尘，只有香如故。"大家开始兴奋起来，争先恐后地回答。此时梅花的意义化作了一种精神的养料，悄悄滋润着每一个孩子的心灵！

四、结局——联系实际学梅花

看着火候慢慢到了，我问孩子们："那你们觉得我们班上有像梅花一样的人吗？"

"老师，周敏天天早上都坚持让大家书写励志语！"

"老师，我觉得是周勇，天天坚持给我们开门，不管刮风下雨！"

"老师，我觉得是吕书洁……"

看着孩子们热烈地找着班级的榜样，我突然眼前一亮，"要不，今天我们选出能用梅花精神抗击这枯燥复习的同学！我们来评选'梅花仙子'！"

"老师，男生应该叫'梅花君子'。"

"嗯，好嘞！梅花仙子和梅花君子。"

"老师，刚才我摘一朵梅花，就是为了用梅花精神激励自己在复习中能够坚持！"

"看来我今天要争取把自己的薄弱学科不懂的题弄懂。"

"我也准备坚持住！"

大家都表达着自己的想法。

"同学们，今天我就把梅花插在教室的前面，让大家看着梅花，在烦躁不安，想放弃的时候，能咬牙坚持，抗击挫折，不怕困难，给自己心灵的慰藉吧！"

"哦，原来如此！"

教室里响起一片笑声，我知道，梅花的精神正如梅花的香气慢慢地浸润着每一个孩子的心！

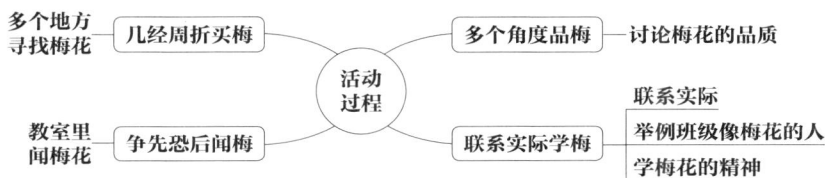

多个地方寻找梅花 —— 几经周折买梅
教室里闻梅花 —— 争先恐后闻梅

活动过程

多个角度品梅 —— 讨论梅花的品质
联系实际学梅 —— 联系实际
举例班级像梅花的人
学梅花的精神

思考碰撞

在日常事务中，班主任可以通过一件小事，一件物品，一个机会等偶然契机，培养学生的毅力，把毅力变成一种习惯。

10. 毅力潜能挖掘
——灵魂治疗反本能

活动案例

▲ 活动背景

培养毅力，除了不怕困难，持之以恒外，还需要克服惰性。每个人都有潜在的惰性，我们该如何调动孩子们的本能，走出舒适区，学会自我约束，克服惰性呢？

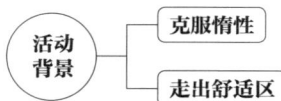

```
        ┌── 克服惰性
活动
背景
        └── 走出舒适区
```

▲ 活动过程

一、随意画一棵树——自由的本能

这天，我走到教室，笑眯眯地说："同学们，今天吴老师给大家来上一节美术课。"

"什么，今天怎么又上美术课啦？"孩子们有些惊讶。

"是呀，不仅要上美术课，而且先要给大家算算命呢！"我故意神秘地说。

一听算命，孩子们来劲了，争先恐后地说："老师，给我算。"我不慌不忙地说："同学们，这样，你们随便画一棵树，我根据你画的内容算一算。

这可是心理学上面的'绘画心理学'哟！你们想怎么画就怎么画吧！"

孩子们开始画画了，有的孩子画得洋洋洒洒，有的画得谨慎小心。不一会儿，各种各样的树呈现了出来。

我开始给孩子们分析："你看，这个同学的树冠向右倾斜，说明她非常依赖家里的一位女性，多半是妈妈。"我抿着嘴说。

"呀，是的，我和我妈妈关系最铁了。"俊男睁大着眼睛嚷着。

"你看，你画的树干很长，说明你是一个非常上进的孩子。"我指着另外一个孩子说。

"你童年时候有伤疤，这树干上的疤痕显示出来的就是如此。"我一一解答着。孩子们更是踊跃。

等孩子们激情消退后，我冷静地告诉孩子们："大家今天随意地画，画出的就是我们的'树木人格心理学'，这是在自然的状态下，呈现出的我们本来的样子，一个人在自然的状态下，是最舒服的，也最能体现出人的本能。"

孩子们聚精会神地听着，对这次的活动更是饶有兴趣。

二、闭眼画一棵树——盲目发挥本能

接着，我继续要求孩子们："请大家再闭上眼睛画一棵树，怎么样？"

孩子们更是好奇，大家笑眯眯地闭上眼睛，尝试着画起来。

两分钟后，大家看着手里的画。顿时，惊呆了。

"啊！"

"我怎么画得这么糟糕？"

我不动声色，轻轻问孩子们："你们比较一下，闭上眼睛时，画得怎么样？"

"老师，闭上眼睛画的，完全不是树，是一个面包。"吴林大惊失色地叫起来。

"我画的像一群蚂蚁。"常青也兴奋地说。孩子们七嘴八舌都议论开来，感受着两次画的反差。

我说："同学们，如果第一幅画是在一种完全自由的状态下完成的，是人的本能使然，那么第二次闭上眼睛，就是盲目地发挥自己的本能。"

"老师，我明白了，没有目标会走得更糟糕。"成明拍着脑门，一副豁然开朗的样子。"对，有明确目标，才会有强烈的方向感，才有助于产生顽强的毅力，才能克服惰性。"

三、左手多次画——试一试反本能

我继续说："请大家照着第一幅画，用左手画，看结果又是如何。"

"老师，我本来就习惯用左手。"

"习惯用左手的同学就用右手，习惯用右手的同学就用左手，我们试一试反本能。好吗？"我歪着头调皮地回答。

有的同学提笔时战战兢兢；有的紧皱眉头；有的画一会儿，停一会儿。两分钟后，我问："同学们，感觉怎么样呀？"

"老师，好不习惯呀！"

"我怎么手一直在抖动！"

"很难受。"

我又问："那你觉得是第二次画得好一些，还是第三次？"

祥辉猛地站起来，说："我感觉虽然第三次用左手画很难受，但是第三次画得更好。"

"老师，我感觉第二次要好一些。因为是自由的状态。"曹锟站起来说。教室里一片唏嘘声。

"运气，运气。"有的孩子插着话。

我引导道："有这种可能，我们只用自己不习惯的左手画一次，可能会失败，甚至觉得第二次画得更好，那我们试一试用左手多画几次，如何？"

孩子们开始用左手画第四次，第五次……

"老师，越画越顺畅了！"有孩子惊喜地叫起来。

"曹锟，这时候感觉哪次效果好？"我问曹锟。

"第四次，第五次，后面越画越好了。"曹锟笑得咧开了嘴。

"是啊，同学们，从生物学角度看，喜欢自由是我们的本能。而我们用平时不舒适的方法去做，叫'克制本能'，也是'反本能'。刚刚开始'反本能'也许会很难受，甚至会起到相反的效果。但是当我们不断地'反本能'，坚持'反本能'，最后是会走向成功的。"我激动地说。

班上的语文能手王艺猛地站起来，脱口而出："老师，这就像我们学的《生于忧患，死于安乐》里面说的，'故天将降大任于是人也，必先苦其心志，劳其筋骨，饿其体肤，空乏其身，行拂乱其所为，所以动心忍性，曾益其所不能。'"

"坚忍不拔地克服自己的舒适区，就是不断地反本能，并持之以恒地重复成习惯，习惯最后成自然，这样一个过程就是顽强毅力的体现。"我总结道。孩子们听得若有所思。

四、分享感受——深化认识明方向

为了加深大家的体验，我让孩子们依次谈了谈这次画画的收获。

赵红说："我们睁着眼睛用自己右手画的时候，是那么自然，并且有目标。我们闭上眼睛，就会迷茫而不知所措。我们用左手画画反本能的时候，虽然会失控，但是有目标，一次一次反本能，最后会一次比一次做得好。"

程刚说："人生不可能所有的事情，都会顺着自己的心意，在逆境中求生存，这样的成功会显得与众不同。"

张林也急忙站起来："每个人都可能有两个自我，一个懒惰的自我，一个想上进的自我，这两个自我在心里不断地打架，当我们用上'反本能'，用意志力不断地在心里战胜那个懒惰的自我，想上进的自我就会占上风。"

袁一说："我们都有想松懈的时候，今天几次的比较给我敲响了警钟：我们需要逼自己做不愿意但又必须要做的事情，用意志力克制自己，这样才能真正走向自己想要的人生。"

"我以后不能再懒惰了。"

"我应该拼搏起来了。"

"再不努力就晚了！"

孩子们还在交流着，教室里充满阳光般的朝气。一个小小的体验活动，唤醒了孩子们反本能的意识，培养着孩子们坚忍的毅力。窗外阳光正灿烂，一切又是新的开始……

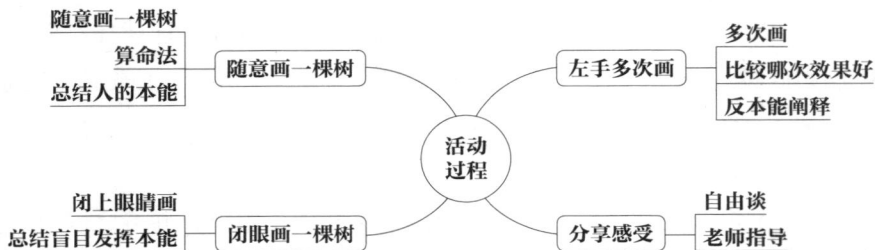

随意画一棵树
算命法
总结人的本能 ── 随意画一棵树

左手多次画
多次画
比较哪次效果好
反本能阐释

活动
过程

闭上眼睛画
总结盲目发挥本能 ── 闭眼画一棵树

分享感受
自由谈
老师指导

思考碰撞

　　人的认知模式都有稳定性，都有自然的本能，也愿意停留在舒适区。同学们在自由本能、发挥本能、反本能的三者体验中，感受到突破自我是全方位的，而改变自己，培养毅力，应从反本能开始！

第三章

学习挑战：自带学习马达机

活动案例

▲ 活动背景

　　孩子们学习上的问题，让我联想到大家都耳熟能详的"鲶鱼效应"。西班牙人爱吃沙丁鱼，但沙丁鱼非常娇贵，极不适应离开大海后的环境。渔民们把刚捕捞上来的沙丁鱼放入鱼槽，运回码头后，用不了多久，沙丁鱼就会死去。死掉的沙丁鱼，味道不好，销量也差。倘若抵港时，沙丁鱼还活着，鱼的卖价就比死鱼高出若干倍。为了延长沙丁鱼的存活期，渔民们想了许多方法。后来，渔民想出了一个法子，将沙丁鱼的天敌鲶鱼放在运输容器里。因为鲶鱼是食肉鱼，放进鱼槽后，鲶鱼便会四处游动，寻找小鱼吃。为了躲避天敌的吞食，沙丁鱼自然加速游动，从而，保证了旺盛的生命力。如此，沙丁鱼就一条条活蹦乱跳地回到渔港。

　　孩子的学习状态，同样如此，需要一场点燃激情、全员参与的学习挑战赛。并且，这一场挑战赛不能是少数人的舞台，而是全员参与。

活动
背景 ── 鲶鱼效应
       └ 点燃学习热情

一、挑战对象大讨论——全员参与

学习挑战不能只是一个班级内部的挑战，而应该是形成集体的氛围，把氛围搞得更热烈，让大家都重视起来，参与进来，如此，还能激发大家的集体荣誉感。

于是，我兴冲冲地来到教室。告诉大家："同学们，学生的主要任务就是学习，而且，学习是山外青山楼外楼，不看看别人，永远不知道我们的视野有多窄。以前我们的眼光都只看到自己班级，这次，我们把眼光放到年级，让我们一起去挑战一个班级，一群人走，才能走得更远！"

"老师，我赞成！我们去挑战哪个班级呢？"大家七嘴八舌地议论开来。

"挑战二班，因为二班在全年级的尖子生最多！"致函说。

"不，挑战四班。四班的数学成绩最好！我们正好可以一起为班级努力，一起学数学！"张星也开始说话了。

"挑战五班，五班和我们是同一个数学老师，同一个化学老师，同一个物理老师,正好我们可以趁此机会挑战一下他们！"另外一个同学又开口了。

"挑战七班，七班离我们最近，就在我们班级隔壁，每次他们的清洁都做得比我们好，我们正好可以观察他们，向他们学习！"

教室里像炸开的锅，大家都发表着自己的建议。看得出，大家对挑战赛都异常兴奋！都各执一词。

"这样，同学们，我们投票选择挑战哪个班级，并写明原因！"

唰唰唰，一会儿大家都把自己的票交上来，"立法委员会"唱票，最后，挑战五班的票数最高。

清洁委员说："老师，我有个想法，我们可不可以也挑战一下七班，他们每一次清洁都比我们做得好，我们还可以在行为习惯上和他们挑战呀！"

"那就来个一挑二！"袁飞兴奋地吼道。

"好，一挑二就一挑二！"大家摩拳擦掌，兴致高涨！

在挑战对象的问题上，积集体的智慧于一体，能充分凝聚集体力量，一起挥洒热情与汗水，为挑战做好了铺垫和准备。

二、挑战书齐书写——全员参与

因为有了前面的讨论，做到了知己知彼，书写挑战书的时候，不再是空洞的、虚无的、豪情万丈的情感抒发，而是，实实在在落到行动上的扎实书写。

我要求全班同学都来书写挑战书。孩子们有些疑惑："老师，我是站在一个人的角度写，还是大家的角度写呢？"

"都可以，为什么呢？你站在全班的角度写，可以表达大家努力的方向；你站在你自己的角度写，你努力了，他也努力了，我们班级的学习就上来了，挑战不就成功了吗！"孩子们恍然大悟。

于是，孩子们开始书写挑战书，有的同学表达了挑战的热情："在此，六班的战士们，向你们发出挑战，以笔杆为枪，勤奋为粮，不达目的，绝不罢休，积极进取，永创一流！你们很强，我们也不示弱！"

有的孩子表达了差距："从现在起，我们要学习你们的优点：踏实，上课认真，讲效率，安静，作业完成质量高，掌握知识牢固！我们的缺点是：有时候会说废话，有时候作业不够认真，学习上不够踏实，但是，逐梦班永不认输，会用实际行动证明！"

有的同学表达了努力的策略："从班干部做起，做好自身，下课不要打闹；把心沉下来，不懂就问，分析自身和他们的差距，找到紧迫感；做事不要浮于表面，少说话，多做事，认认真真对待每一次作业，踏踏实实做好每一件事！"

还有的同学从自己的情况分析："为了班级的挑战成功，我要找到一个突破口，哪个科目最差，我就好好努力学哪一科。从现在起，从数学学科突破，向老师问问题，不搞明白，决不罢休，为班级的挑战出一份力！"全班是群情高昂，豪情万丈。

挑战书没有固定格式，更无制约。每个人自由发挥，自主书写，每一个同学都写上一份，不管站在哪一个角度写，都是主动参与。

接着，书写挑战宣言。我告诉孩子们："挑战书，我们选最优秀的，挑战宣言，也需要最好的。大家都来写宣言吧，我们一起晒一晒！"

"老师，选出来的宣言，不能太剑拔弩张了哟。"

"老师，我们要选朗朗上口的！"大家七嘴八舌出着主意。

于是，大家绞尽脑汁，不断书写。不一会工夫，挑战宣言书写完毕。

馨余的宣言押韵有节奏："六班六班，你最牛！坚持不懈，团结一致。打败五班，在此一举。天天向上，加油，加油，冲冲冲！"

张星的宣言铿锵："不卑不亢，勇往直前，绝地反击，背水一战。"

巫宜鸿的宣言关注自我："逐梦逐梦，突破自我，超越自我！"

费杨的宣言霸气："短剑重铸之日，骑士归来之时！"

忆佳的宣言委婉谦和："择其善者而从之，其不善者而改之！我们有信心和目标向你们学习！"

最后，大家热烈讨论，选出了袁飞的宣言，作为班级挑战宣言——"断剑重铸之日，六班崛起之时！实力打造经典，王者绝非偶然！"

通过挑战书全员参与，挑战宣言集体书写，孩子们的挑战激情，酝酿得越来越浓。大家都在热烈期盼，轰轰烈烈的学习挑战仪式的到来！

三、挑战海报设计——全员参与

为了让孩子们将"挑战"酝酿得更加浓烈，我们继续进行了集体行动：挑战海报设计。我有意让平时没有参与过活动的孩子，参与海报设计，目的是让大家真正尝试"挑战"的分量和滋味。

果然，这些孩子们为了设计海报，夜不能寐，废寝忘食，乐此不疲。那是集全班智慧于一体的海报，大家一起揣摩细节，共同切磋打磨，终于制作好海报。

接下来，集体全员签名。我们进行了全员参与的"签名"，当然，仅仅签名是不够的，还需要大家受到震撼。怎么办呢？有时候，一件事情只需要变化一点点，效果却截然不同。签名大家都会，但是在学校里按手印却不常见，对，我们就按手印！

我想尽一切办法，找到一盒印泥。当我把印泥拿到教室的时候，全班同学都兴奋得像绽放的花。

我告诉大家："既然挑战是大家的，我们每一个人都是班级的一分子，一个都不能少，我们挑战成功，有你的付出；我们失败，也需要你一起承担！签名意味着责任，我们把自己的名字写下去的时候，就意味着，这是一份责任，这是一份担当！下面让我们慎重地签上自己的名字吧！同时，再按上手印！"

呀，出了点故障，没有笔！"老师，我有彩色的荧光笔！"新雨自告奋勇地拿出了自己的荧光笔。好，没有买好签字的笔，就用荧光笔，让孩子们各具特色闪着亮亮色彩的名字，在海报上熠熠发光！

大家排着队，小心翼翼地寻找着一处位置，认真地签上了自己的名字。有的字龙飞凤舞，有的字端端正正，有的小巧，有的洒脱。每一个名字签下的时候，都是一份沉甸甸的责任。

红色的笔，黑色的、黄色的字迹，五彩斑斓，特别是沾着红色印泥的大拇指，再重重地按下去，手指的纹路清晰可见，就像我们内心汇聚的能量一样清晰可见，组成了一幅不同寻常的艺术品！

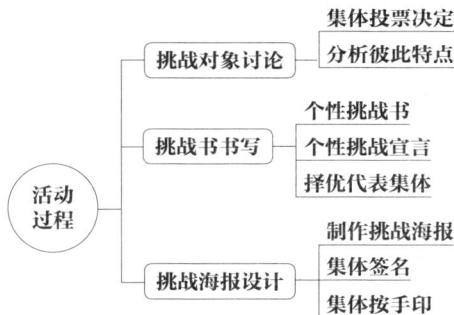

```
                                   集体投票决定
                    挑战对象讨论
                                   分析彼此特点

                                   个性挑战书
                    挑战书书写     个性挑战宣言
    活动                          择优代表集体
    过程
                                   制作挑战海报
                    挑战海报设计   集体签名
                                   集体按手印
```

思考碰撞

一场学习挑战，就这样拉开了序幕。生命的意义在于挑战，这不仅仅是个人挑战，也是集体挑战；这不仅仅是学习挑战，更是生活考验。这种活动，已经变成生命旅程的体验。如此，给每一个奋斗的日子都加上了一个美好意义，那就是：生命不止，奋斗不止！

12. 学习挑战仪式

——轰轰烈烈，从仪式感开始

▲ 活动背景

生活要有仪式感，如果生活里注重仪式，即使一地鸡毛，也能过得芬芳馥郁。所以，学习挑战仪式显得尤为重要。我们要把挑战仪式搞得轰轰烈烈，给挑战赋予神圣的意义。让这一场仪式点燃奋斗的激情，燃烧努力的火焰，释放学习的斗志！

```
活动    ——  需要仪式感
背景    ——  学习热情调动
```

▲ 活动过程

一、布置擂台挑战展览

为了让大家感觉到两军对垒、烽火燃起的感觉，我们把本次挑战赛的题目叫作"'利剑出鞘，谁与争锋'擂台赛"。

当看到挑战仪式现场赫然印着醒目、火热的标题的时候，每个孩子的心，已经情不自禁地被热烈的氛围感染。

同时，把40张桌子摆成两条对垒的防线，让孩子们感觉这就是挑战的分界线，整个场面庄重而浓烈。

接下来，我们把对各个班级的挑战书和应战书做成了展板，放在教室外的走廊上，迎接各个班级的同学的驻足观赏。

不仅仅是学生参观，老师也来参观，整个初三上空都弥漫着挑战的味道。大家津津有味地赏析着各个班级的挑战书，评价着每个班级的挑战书。下课了，孩子们更是饶有趣味，跟着一窝蜂地拥出来。大家看着自己班级的挑战书或者应战书，时而互相拳手相击，时而戏谑地说："你们班级输定了！"另外的孩子也不甘示弱地嚷嚷："呵呵，输还是赢，咱们等着瞧吧！"

看似简单的展览，却让大家铆足了劲头，也为激情洋溢的挑战进行了预热。

二、宣读宣言斗志昂扬

大课间，各个班级把自己班上的挑战书、迎战书放在了队伍的前列，孩子们都兴奋不已，期待着挑战的那一刻。

主持人上台，挑战班级站左边，迎战班级站右边，大家都有序地站立在队伍中。

首先，宣读宣言。主持人宣布每个班级由班级代表宣读"挑战书"，迎战班级代言人宣读"迎战书"，然后是集体宣读班级挑战口号和迎战口号。

空气中早已蔓延着热腾腾的气氛，挑战书有的诗意，有的凝练；有的铿锵有力，有的娓娓道来。应战书有的沉稳，有的自信；有的简洁，有的优美，大家各具千秋。下面的同学也聚精会神，眼神明亮，斗志昂扬。

终于到了我们班级，我们肩负着"一挑二"的重任。几个孩子早已经安排妥当，班长代表班级宣读了我们的挑战书："亲爱的五班同学们，我们六班正式向你们发出挑战！以笔杆为枪，勤奋为弹，以战胜你们为目标，不达目的决不罢休。从今天起，学习你们的踏实沉静，上课听讲，好学好问，深刻钻研；我们将高度集中注意力，把握好分分秒秒，紧随老师的步伐！我们决不自甘落后，相信有志者事竟成，破釜沉舟，百二秦关终属楚；苦心人天不负，卧薪尝胆，三千越甲可吞吴！追逐梦想，永不放弃。你们很强，但我坚信我们会更强！请接受我们的挑战，我们一起努力！"

五班的同学也毫不示弱，五班代言人从容上台，不慌不忙地宣读迎战书："初三六班的全体同学们，我们很荣幸能够接到贵班的挑战！首先，感谢你们的挑战，当然，任何知识的获取与能力的提高，都不会是轻松、容易的，更不是几句豪言壮语所能代表得了的。过去的毕竟已经过去，一时的成绩也并不能说明什么，希望我们班的兄弟姐妹们都能鼓足士气、一往无前、坚持不懈地去摘取那最终的硕果。而在当下，这个激情昂扬的初三，我们能够做到的就是，挑战自己，打造属于我们的最强的五班！"

面对着这样谦逊又不失自信的迎战书，我们不得不暗暗地在心里为自己捏了一把汗。

接下来，我们还需要继续挑战七班。七班是我们年级新成立的一个"希望生"班，每个孩子都充满了对自己升学的渴望，士气更是昂扬。

袁飞继续领读："七班全体同学，你们好！从班级的地理位置来说，我们是邻居。你们的努力我们看在眼里，听在耳里，赞赏和警惕在心里。上一次月考，你们努力的劲头确实让我们汗颜！但我们会收复我们的失地。你们的清洁做得比我们完美，我们就要提高清洁质量！你们学习习惯比我们做得好，我们就要养成比你们还良好的学习习惯！你们的早读效率比我们高，我们就要书声琅琅精神振奋！希望你们能和我们一起努力拼搏，互相勉励，互相监督，共同进步，在月考中发挥最高的水平！当然孰胜孰负，成绩见分晓！我们六班信心不灭，精神长存！狭路相逢，敢于亮剑；利剑出鞘，谁与争锋？请初三六班全体同学跟着我念：破釜沉舟，长枪一战；决胜细节，我必成功！我必成功！我必成功！"

接着，七班的孩子不愧为"希望生"班，上台的架势就不一样，挑战书，不是一个人朗读，而是两个具有煽动力的、泼辣的女同学一起朗读：

"我们接受你们的挑战！从此刻起，我们积蓄能量，蓄势待发，我们会拿起我们的武器在这里等着你们，考场是我们涅槃重生的战场，我们便是那涅槃重生的凤凰，初三七班雄起！"每一句话都充满了力量，一读起来就发狠了，忘情了。是挣脱了、冲破了、撞开了的那么一股劲！一句比一句高扬，一句比一句震撼！那气氛感染着在场的每一位同学。

六班的孩子们也怔怔地看着他们。不行，看来气势需要更加强盛。几个

"自管委员会"同学马上走上前去，在袁飞耳边耳语了几句，袁飞也重重点点头，把身体里积蓄的全部力量都释放了出来，大声说："同学们，现在跟着我念口号，声音要洪亮哟！"孩子们心有灵犀一点通，都不由自主举起了右手，做宣誓的样子。

袁飞神色凝重，有节奏地领读："破釜沉舟！""破釜沉舟！"大家跟读着，声音整齐而有序。"长枪一战！""长枪一战！"回声震撼着每一个空间，"决胜细节！""决胜细节！""我必成功！我必成功！我必成功！"声音一次比一次震撼，一次比一次响亮。由于孩子处在变声期，声音吼得有些嘶哑了，但是丝毫没有阻挡大家众志成城的决心！

七班的同学，同样慷慨激昂，一句英文宣言让现场众人情绪高涨："We belive we are the best,we are the NO.1！""we are the NO.1"大家越喊越烈，回声与口号声汇集、凝聚、奔腾！一片热血沸腾的火焰就这样烧燃了！

三、总结点评升华热情

当孩子们沉浸在一片激情澎湃之中的时候，作为年级组长的我也受到了感染。总结发言不能仅仅是一个简单的点评，而应该让我们的学习热情升华上去，我激动地走上台："亲爱的同学们，今天，看到我们每一个同学都表现出了奋斗的激情，我感到激动、震撼、欣慰！因为成功是属于敢于挑战、冷静迎战的人的。今天你们的青春已经说明了，只要激情还在，一切都不会遥远。

"同时，我希望每一位同学都能真正地把我们今天的热血转化成实际的行动，没有行动就没有任何的意义！想一千遍，不如实践一遍。初三的生活是累的，但是你觉得苦累，是因为缺少创造性的劳动，你把它变成了枯燥的事情在做。所以我们要不断地给自己找到带来兴奋的刺激点，今天的挑战赛，已经为我们拉开了序幕，愿你们能够把它转化为认真完成每一次作业，认真听好每一堂课，认真问好每一道题。我相信每一个人的努力都是在为我们的集体努力，为我们的挑战赛贡献力量。把'我想要'变成'我一定要'！我希望下一次，每一个同学都能站在这儿，高昂着你高贵的头，说：'我成功了，不负挑战！'"

一场轰轰烈烈的挑战仪式为孩子们的挑战行动正式拉开了序幕，一切都还意犹未尽……

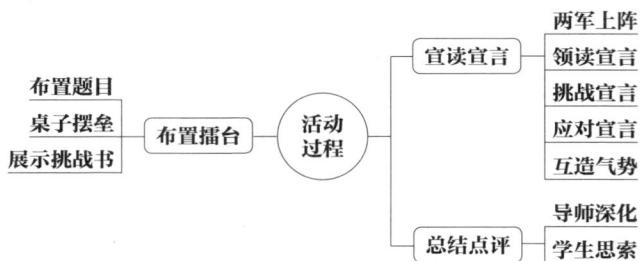

思考碰撞

学习挑战仪式的开展，是让学生感知神圣的时刻，体验庄严的氛围，让学生因为那一刻的神圣庄严而变得不平常、不平凡、不平淡，从而在思想上形成一种强烈的自我暗示和自我约束，增加后续学习动力和学习持久力。

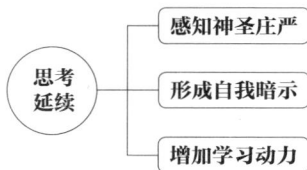

13. 学习挑战承诺
——让目标看得见，摸得着

活动案例

▲ 活动背景

在西方国家的货币政策的操作中，都喜欢用告示效应，这对中央银行的信誉度、责任性、透明度起了重要的作用。产生的影响更直接，效果更明显，操作成本更低。同理，我们的挑战赛把学习挑战承诺进行了多角度的强化，这既可以实现孩子们的自我激励，同时也可以增加自我担当，还能断其后路，从而破釜沉舟，背水一战。

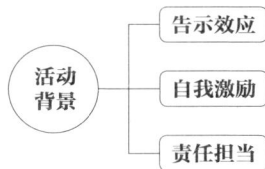

```
              ┌─ 告示效应
  活动        │
  背景 ───────┼─ 自我激励
              │
              └─ 责任担当
```

▲ 活动过程

一、挑战一对一——公开化

班级挑战仪式举行后，接着是落实挑战对象。我们要由大到小，由粗到细地落实。趁着班里还留有热情澎湃的浪潮，我趁热打铁："孩子们，如果想把挑战真正落到实处，就需要我们每个人都有一个旗鼓相当的挑战对象！大家认真思考，仔细研究，选择好能激励自己上进努力的挑战对象，可以选择本班的，也可以选择其他班级的同学！"

于是，孩子们根据自己的实际情况，仔细考虑了挑战对象，再认真准备了挑战书，开启了挑战一对一的公开承诺。

有的同学选择本班同学作为挑战对象。我们还举行了现场"递交挑战书"仪式。当时，教室里热闹非凡，孩子们一个个热情飞扬，好在没有剑拔弩张。有的同学双手把挑战书奉上，迎战者也恭恭敬敬接过挑战书；有的同学走到对方座位旁，互相握手；有的同学显示出不达目的不罢休的表情，挑衅地说："我要挑战你！"对方也故意做出藐视的表情，轻松地说："谁怕谁呀！"整个挑战现场热烈而又不失和谐。

有的孩子选择了其他班级的同学作为挑战对象。于是，我们开启了外班挑战仪式的旅程。

第一步，智囊团谋划。我们和挑战班级五班的班主任约定好时间，把挑战外班的同学，聚集在一起，形成智囊团，一起商量：我们该以什么样的形象，出现在挑战班级同学的面前？大家探讨成熟，准备开始行动。

第二步，集体出行。经过讨论，大家一致决定，让心雨代表班级进行挑战主持。心雨不卑不亢，走进挑战班级，落落大方地说："亲爱的五班同学，今天，我们是带着学习的心态，来向你们班上的部分同学，进行挑战。请大家接受我们的挑战，我们也想用这样的方式督促自己！"五班顿时响起了一阵热烈的掌声。

第三步，个人挑战。大家有秩序地走上讲台，说出了自己的挑战对象。"我挑战张佳！因为他比我勤奋！"有的孩子用了一句挑战宣言代替自己的紧张："我挑战胡尧，短剑重铸之日，袁飞崛起之时，我会努力的！"顿时，下面一阵唏嘘声。有的孩子不好意思地说："我挑战陈琪！"每一个孩子都显得庄严而郑重。纷纷说出了自己挑战的对象，虽然片言只语，却代表一个人内心的决心，还有行动的开始！

第四步，挑战宣誓。每一位挑战的同学公开了自己的挑战对手后，心雨带着大家，站在五班的讲台上宣誓："追逐梦想，永不放弃。诗意生活，超越自我。"孩子们高举着右手，把班级的班训从头到尾铿锵有力地大声而整齐地朗读了三遍。

第五步，迎战宣言。这一次是班主任发言了，班主任不紧不慢地说："大家的气势非同寻常，不过我们月考见分晓，好吗？"简单的一句话，却一语中的，因为每一个同学都知道自己暂时和迎战人是有一段距离的。但是，釜已破，舟已沉，覆水难收，剑已出鞘，不得不努力呀！

第六步，交换战书。挑战者和应战者分别交换了个人挑战书和应战书，把挑战一对一推向高潮。

回到教室的时候，孩子们的心沉甸甸的，仿佛又多了一份承诺的责任，下课后，我悄悄观察：教室里多了专注的身影，少了以往的喧哗。

二、承诺结果——上墙化

互相交换挑战书和互相口头承诺还不够，还需要书写上墙，把承诺写在墙上，让大家看得见。

我们把大家互相承诺的挑战结果贴上墙，并起名为"一诺千金表"。

一诺千金表

挑战人	迎战人	奖惩方法	兑现时间

孩子们的承诺真是趣味盎然。有的是"买本子"；有的是"买一本书"；有的是"请吃早餐"；有的是"跳绳700个"；有的是"买糖"。大家互相商量，共同约定。

孩子们看到自己的承诺被慎重地贴在了墙上时，还兴奋地问我："老师，这个要是输了，真的要去做呀？"我努努嘴，指着墙上的"一诺千金"几个字，孩子们伸了伸舌头。我知道，这份贴上墙的告示效应，已经在慢慢发生化学反应。

心理学上有个"锚定效应"，就是当人们需要对某个事情做定量估测时，会将某个特定的数值作为起始值。那么，把承诺上墙，就相当于基点定位一般，孩子们以此作为标准，作为奋斗目标，给自己的学习加上了一个动力意义。

三、落实目标——思维化

接着，我们要将孩子们由外围指向了内在，由他律转向了自律，由外控延伸为内生。

于是，我们开始制作目标图。首先我们给每一位孩子发一张打印纸，让孩子们把自己的目标和具体的落实方法用思维导图做成目标图，在走廊上进行展览。

有的孩子用了红色纸，有的用了蓝色纸，各种颜色，五彩斑斓。有的做成了叶子形状，有的做成了手掌形状，有的做成了漂亮的"细胞图"……上面展示着自己的"现状分析""月目标、半期目标、年目标""方法策略"。有的孩子还具体落实到分数，有的孩子分成了"上课""复习""作业""家里"等栏目，有的同学设计了"思想"和"行动"等方面。

然后，准备一张代表个人形象风格的照片，准备贴在外墙上。

最后，贴"点燃奋斗一把火"卡片。每一个同学把自己的照片连同目标图，贴在教室外的走廊上，取名为"点燃奋斗一把火"。悄然间，一切慢慢地在孩子们心中产生着影响。

许下的诺言，欠下的债，当我们把挑战、承诺、目标都公开化的时候，挑战的热情也更能融入每一个孩子的行动，一切变得更贴近实际，更实在！

本班挑战对象
外班挑战对象 ── 根据实际情况 ── 研究挑战对象

挑战人
迎战人
奖惩方法
兑现时间 ── 做一诺千金表 / 贴一诺千金表 ── 承诺上墙

活动过程

递交挑战书 ── 本班挑战对象
智囊团谋划
集体出行
个人挑战 ── 外班挑战对象
挑战宣誓
迎战宣言
交换战书 ── 挑战一对一

制作目标图 ── 思维导图
找私人个性照 ── 目标图 / 个性照
贴"点燃奋斗一把火" ── 目标落实

思考碰撞

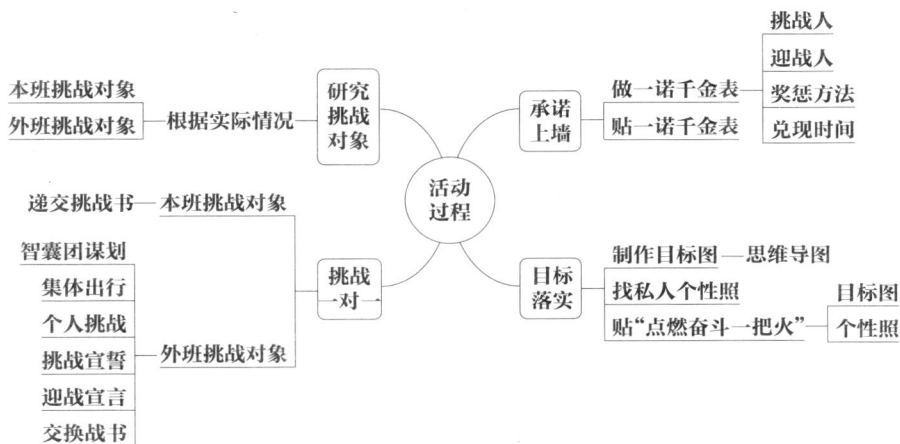

　　公开承诺，承诺上墙，是一种担当，一种态度，一种责任，是对本次挑战仪式庄严化的一个积极回应，也是承诺者的一次自我加压。承诺上墙，做到了内容落实、具体量化、期限设定，已经变成一种监督保障了。

　　同时，学习挑战承诺经历了以下过程：其一，研究承诺。把自己和对手进行分析比较，认真研究，找到挑战目标点。其二，亮出承诺。把诺言和挑战对象亮出来，用上墙的方式，给承诺多一份责任担当。其三，践行承诺。做好践行诺言的计划和行动，并真正行动起来。其四，兑现承诺。这一步放在最后，既然共同约定，那么就要落实奖惩。如此，才能把承诺做到实处，精准处。

仪式回应
自我加压
内容落实
监督保障 ── 活动意义

思考延续

研究承诺 ── 精准目标
亮出承诺 ── 责任担当
践行承诺 ── 行动计划
兑现承诺 ── 落实奖惩 ── 过程反思

14. 挑战氛围调节
——班级快递日

▲ 活动背景

学习挑战赛正进行着，可是，如何使班级学生既能互相竞争，也能和睦相处呢？同时，班级的学习氛围更需要调节，为了给孩子们增加学习热情，提升学习动力，增强学习内驱力，并且又让班级氛围又和谐快乐，这次，我们搞了一个班级快递日！

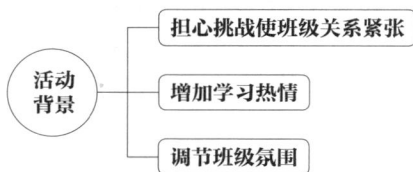

▲ 活动过程

一、解说——新解"快递"内涵

我直接开门见山，在黑板上写上"班级快递日"几个字。

"啊，老师，快递不是邮差吗？"孩子们疑惑地问。

"老师，用火车还是飞机快递呢？"有孩子故意俏皮地接话。

"同学们，今天的快递日，不用飞机，也不用火车，而是用我们自己！"我微笑着和他们俏皮地应答。

"老师，你就说吧！"大家显得有些急不可耐。

"快递就是快乐传递的意思！"我笑着继续解释着，"人的一生快乐很重要，并且快乐可以传递和感染的，把快乐传递给别人，给别人快乐，就能让自己更幸福，这样大家都沾染着甜蜜！"

"哦！"孩子们恍然大悟。

"老师，怎么个传递法？"有孩子歪着脑袋抢着问。

"请同学们拿出一张纸。"我引导道，孩子们迅速地拿出来纸，然后，大家都期待着看快乐究竟怎么传递。

二、蓄势——故事启迪"快递"内涵

"同学们，写上自己的一个追赶人的名字。"我继续告诉孩子们。大家拿着笔，有的毫不犹豫写下了追赶人的名字，有的左看看，右望望。看着大家基本上都完成了。接下来，我不慌不忙，舒了口气说："同学们，先听老师讲个故事，好吗？"

"好，讲故事好！"孩子们一个个笑靥如花。

我开始讲故事："从前，有个叫布里丹的大学教授，他养了一头小毛驴，每天，他要向附近的农民买一堆草料来喂养毛驴。这天，送草的农民出于对哲学家的景仰，额外多送了一堆草料放在旁边。这下子，毛驴站在两堆数量、质量和与它的距离完全相等的干草之间，可为难坏了。它虽然享有充分的选择自由，但由于两堆干草价值相等，客观上无法分辨优劣，于是，它左看看，右瞅瞅，始终无法分清究竟选择哪一堆好。这头可怜的毛驴，就这样站在原地，一会儿考虑数量，一会儿考虑质量，一会儿分析颜色，一会儿分析新鲜度，犹犹豫豫，来来回回，最后，却在犹豫中活活地饿死了。"此时，大家听得是津津有味。

我神色变得严肃，说："同学们，面对一件事，与其犹豫，不如行动。因为犹豫的时间越长，越可能失败。既然决定了，就义无反顾地去执行。同样，你们既然选择了追赶人，还犹豫什么呢？大胆地追赶吧！"我努力调动着大家的热情。

我接着讲了另外一个故事："有一个实验，研究人员要求在电脑屏幕上，分辨一个奇怪的旋转符号，这个符号将在屏幕上出现650次，而且每次都会出现在不同的位置。一旦被试者注意到了这个旋转的符号，研究人员就会关掉屏幕。然后，被试者需要在0~0.5秒时间内回忆。实验结果发现，被试者在0.5秒以内所做的选择，正确率可达95%，而思考时间超过1秒的，正确率只有70%。""老师，你的意思是，想好了就马上行动。是吧？"快嘴快舌的陈瑞接过话，说出了我想要说出的答案。

"对，同学们，不要犹豫，立即行动。这样才能叫'快递'。"孩子们惊愕，既而一阵哄堂大笑。我趁势继续说："所以，看看自己和追赶人的差距在哪里，赶快行动吧！"

"我明白了，赶快追赶自己的追赶人，让自己在快节奏中快乐起来，追赶人也感受到了这种立即行动的紧迫，也努力奔跑，这样，在奋斗中享受快乐，互相把快乐传递。"班上的宜鑫同学把两个"快递"的含义进行了融合深化呢！

三、燃烧——行动诠释"快递"内涵

"要成功，就得给自己设置一个底线行动，有了行动才能迅速传递快乐，也能让自己迅速行动起来，同学们，我们来写一写，今天你准备怎么做，好吗？"我继续说着。

说行动，就行动，孩子们马上拿出纸张，飞速地开始写起来。

有的写道："我要追赶李梅，我和他的差距在文科，所以我准备复习政治、历史。"

有的说："我要做完一遍数学、历史的题。"

还有的说："我要把数学不会的弄懂！"

"我要把英语单词记牢！"

"我要上课不开小差！"

"我要自觉做完10道物理题！"

"我要做到：1.不生气；2.少讲废话；3.上课不打瞌睡。"

有的语言很有挑衅的味道："我要挑战你，你来咬我呀！哈哈哈！"看着跳跃着奋斗激情的文字，大家的心情瞬间活跃起来。

四、引爆——送出你的快乐提醒

"同学们，把你手中的单子送出去，送到你的追赶人手里，让他今天就监督你吧！"孩子们兴奋地跑过去，有的窃窃私语，有的握手，有的摩拳擦掌。看得出大家的激情已经被点燃了。

我继续给他们鼓励："同学们，我们传递快乐，是在一言一行之间传递的哟！如果你的追赶人，不够认真，请善意提醒他，有时候，关注和提醒就是传递快乐的方法。今天下午放学时，我们进行复盘，看看哪些同学把快乐传递给了别人。"

下午放学时，我说："同学们，我们还得进行今天的快递日总结哦！"

"请迎战的同学，总结一下你的挑战人的情况！"

"老师，怎么总结？"

"一句话都行呀！"

孩子们都开始认真地写着。有的孩子写道："今天表现不错，祝福你考试成功！"

有的语言充满了挑衅："想赢我，休想！不过还是希望你考好，今天很认真！"

有的充满了鼓励："加油哟！今天表现还可以，复习数学的时候再认真一点就更好了。""我相信你一定会追上我！"

"加油哟，今天我看你一直在很努力地复习,相信你一定会考得很好哟！"

有的孩子激情洋溢："我接受，并且还要让你输得口服心服！"

"你强，但我会比你更强！"

有的很诙谐，还给对方画了一幅画，配上了台词："你强大，我会加倍强大！"有的直接指出错误："今天上课好像不够积极,问老师的次数有点多，要学会独立思考哟！"

"快递日"就这样结束了,同学们把奋斗的快乐互相传递着,互相鼓励着,每一天在"暮醒"时分,就是快乐互相传递的时候,天天坚持,必能看到效果。

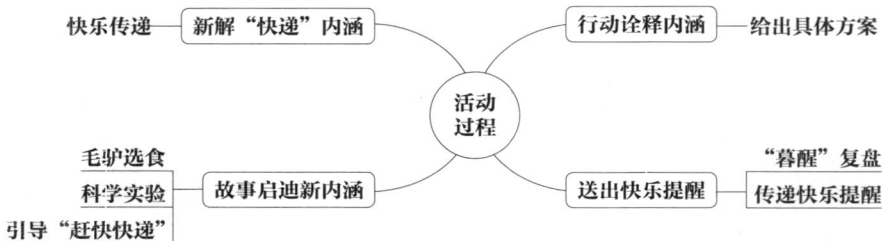

快乐传递 —— 新解"快递"内涵 ——— 活动过程 ——— 行动诠释内涵 —— 给出具体方案

毛驴选食
科学实验 —— 故事启迪新内涵 ——— 活动过程 ——— 送出快乐提醒 —— "暮醒"复盘
引导"赶快快递" 传递快乐提醒

思考碰撞

"快递日"仅仅是故意新解了"快递"两个字的内涵,却起到了调节期末学习氛围的作用。它就像催化剂,源源不断地注入了新意的刺激性和生动活泼性,使学生受到了感染,缓解了挑战带来的紧张,减轻了学生学习的心理压力,激发了学生克服困难的信心,从而使学习挑战赛充满了温情与快乐。同学之间既有竞争又有合作,学生学会了双赢,班级文化和谐而充满上进的氛围。

思考延续 —— 活动价值 —— 调节和谐
奋斗催化剂
减轻压力
温情快乐
竞争与合作

15.学习挑战评价
——跋涉的路上，我需要比较

活动案例

▲ 活动背景

学习挑战赛还在继续进行着，初三也进入白热化的冲刺阶段了，此时，谁能够真正冲刺起来，谁能够把握住最后的时间，谁就能成功。当大家都疲惫的时候，清醒地认识脚下的路，才能走得更加稳健。所以，为了进行中途评价，我引导孩子们进行了几个比较。

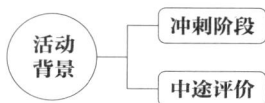

活动背景 ——冲刺阶段
活动背景 ——中途评价

▲ 活动过程

一、自定标准——巧比较

挑战赛过半，我们需要选一选班级学习标兵。我想，既然要选，是需要有一定评价标准的。既可以树立班级榜样，又是引导学生努力的方向。

我说："同学们，每个人都有自己理想的标兵形象，我们先制定一个自己的标准，好吗？"

孩子们静静地写着,3分钟后,我问大家:"你们心目中的标兵是怎样的?"

启龙站起来说:"1.会利用时间;2.沉静;3.积极向上;4.上课专注;5.刻苦。"

忆佳说:"1.闲话少;2.抱怨少;3.有原则;4.有思想;5.作业认真;6.善于自控。"

成鹏也站起来补充道:"积极问问题,能做到按时预习,认真听课,认真复习、写作业,有很好的学习习惯。"

张星表达了自己的标准:"1.品学兼优;2.不急躁;3.不自傲;4.合理利用时间、安排时间;5.上课专注认真;6.课后自觉学习;7.能自主看书、学习;8.不懂就问。"

每个人都给出了具体的学习标兵的标准,这一次,没有统一标准,每一个人心中的标准就是标准。因为自己制定的标准,最贴合自己内心渴求的样子。

我告诉孩子们:"请你看一看自己和你制定的学习标兵的标准差距在哪儿。"自己制定的标准和自己进行比较,让孩子们明白,自己需要改进的地方。

张星说:"我和自己制定的标准比,做得还不够好的是,不会合理安排时间,回家不能自主看书、学习,还有不能主动预习、复习。我应该多学习安排时间,回家后自主学习,晚上多看书。"

肖琪琪说:"我和自己制定的标准差距在:成绩不够优秀,无法帮助别人,不够沉静。我准备充分利用时间,思想不乱想,其实连贯起来就是要惜时如金,不管什么作业,只要认真做好笔记,就可以搞定自己的学习。"

理想与现实是有一定差距,但是这里面的空隙,是完全可以量化的。当大家把自主制定的标准与现实中的自己比较时,慢慢地,就会明白差距,也会更加清晰努力的方向。

二、自选榜样——细比较

制定了标准之后,我们不能浅尝辄止,更需要有具体的看得见的榜样。接着,我让孩子们选出自己心目中的学习标兵,而且不能只选一个,需要多个,并且评选出来后,还要与自己进行比较。

孩子们很是仔细,精心挑选,并认真比较。玉玲选了6个学习标兵,并且——和自己进行比较："我心中的学习标兵有袁飞、杜心雨、柯忆佳、陈芷涵、吕书洁、巫宜鸿。"孩子顿了一下，继续说，"我和他们的差距在，袁飞速度上值得我学习，杜心雨记忆力好值得我学习，柯忆佳懂得心理调节，陈芷涵的思考力很强，吕书洁爱看书，巫宜鸿认真勤奋。"

有的孩子把学习标兵的共同点和自己进行比较，芷昕选了心目中的学习标兵后，说："我感觉自己的成绩需要努力追上他们，学习的精进精神需要向他们学习，学习勤奋上要以他们为目标。"

心雨选的标兵更加细致："我选的效率标兵是袁飞，而自己需要改进的是做作业的效率和思考力。沉静标兵杨玉玲，我和她比较，感觉自己话太多，心不定，不能一心一意。谨慎标兵宇航，我要学习他的谦虚谨慎，做事做得彻底。"

洪睿选了 6 个标兵，并说了自己和他们的差距："他们总是能不断给自己设置目标，不会浪费时间。他们总有不竭的动力在驱动自己不断前进。我准备不再浪费时间，充分提高效率，把他们当作自己的目标去追赶。"

评榜样，找差距，"以人为镜，可以明得失。"榜样不仅是一面镜子，也是标杆，更是旗帜。研究标杆，可以让孩子更容易发现自己的问题和不足，更能激发努力的动力。

三、自我回望——纵比较

和别人比较还不够，还需要回到自我。这一次是过去的自我和现在的自我进行比较，再展现理想中的自己，并需要说出具体做法。

回到自我的时候，孩子们安静地回忆，沉静地总结。

启龙说："过去的自己不太爱说话，不爱看书，不爱问问题。现在的自己爱说话，爱问问题，不懂就会问。理想中的自己，能自我管理，主动性更强。我准备不断警示自己要主动。"

书洁说："过去的自己学习只图完成老师的目标，能少做作业就会尽量少做。现在的自己开始追求更高的目标，同时学习更主动，学习变成自己的了。理想中的自己，拿到题不用思考就可以解答出来。具体做法是上课专注，课后能多让自己练题。"

张洪睿说："过去的自己总是盲目地相信自己，认为自己就是对的，而且还会给自己一个愚蠢的理由。而现在的自己已经学会听取别人的意见，比以前更有耐心，做事情能一步一个脚印地走了。理想中的自己是，在学习上虽然不算第一，但是可以做最努力的自己，做最好的自己。我需要的是不断地反思自己，保持住自己现在的状态。"

沁君说自己以前爱玩游戏，现在已经把自己所有的游戏删了。馨余说以前的自己浮躁，现在的自己沉静。春艳把自己的过去、现在列了表格，制订得美观而精致，她写道："过去的我，不喜欢的课程就打瞌睡。不喜欢发言，不爱问问题。现在的我不喜欢的课程也会认真努力去学习，如果上课开小差，就会让同桌提醒自己。理想中的自己是把薄弱学科学得优秀。如果上课打瞌睡，就让同桌提醒自己。"

看着孩子们把自己的过去和现在进行对比，我内心心潮澎湃。三年里，孩子们或快或慢地成长了，学会了积极乐观。在初三冲刺的紧张时刻，回望过去，比较现在，进步和成长会成为初三路上的一缕缕温暖。颓废了，落后了，会成为再次奔腾的鞭策。人生需要不断回望，看看，路上我留下来什么，我的脚印在哪里。

四、集体视频——横比较

除了个人比较，集体也需要共同比较。因为有比较，才知道自己的差距。

早上孩子们励志的时候有气无力，我看在眼里，急在心里，强行要求大家，还会引起逆反。我不动声色，悄悄在教室里的一个角落，拍摄了同学们的表现。

上课铃声响起，我没有上课，而是狡黠地笑笑："同学们，今天我们不忙着上课，我们先看一段视频。"

"哦！"有的同学不以为然，看视频已经习以为常了。

"可是这次这个视频的主角是我们自己，不是别人。"

"啊。"有的同学惊讶得张大了嘴。

视频里，教室里乱成一团。读励志语的时候，有的同学正懒懒地打呵欠；有的同学有气无力地找卷子；有的同学在和别人看一张卷子；有的同学干脆直接坐在位置上，嘴巴一动不动。孩子们努力睁大眼睛，仔细寻找着自己的影子，有的孩子羞愧地低下了头。

我不动声色，放了一段衡水中学同学们的视频，视频里面声震天地、气吞斗牛的气势让教室里的孩子们睁大了眼睛。

两个视频的对比已经不需要太多言语，孩子们自然明白。

放完视频后，我没有做任何评价，转移话题："同学们，一个人最为重要的是自己的精气神，只要精神不倒，一切就都不在话下。所以，他们能做到，我们也能做到。要不，我们再来读一次。"孩子们显得有些惊异，但还是马上调整过来。

"站直，挺腰板，眼神看着励志单，手向前 60 度。"孩子们昂起头，目光如炬。

"三年的过错，就是为了防止再一次错过。三年的成长，就是为以后的长成。三年的知识，就是为了知识的突破。"

孩子们声音越来越整齐，越来越洪亮，震撼着整个教室。我把孩子们如此认真的场面再次悄悄录了下来。

孩子们读完，马上现场放给孩子们看。

"同学们，你们看同样的文字，在一瞬间就能完全不同，所以改变就是一瞬间啊！"

顿时，大家哈哈大笑起来，继而是一阵雷鸣般的掌声，这掌声是送给自己，更是送给改变的自己，更好的自己吧！

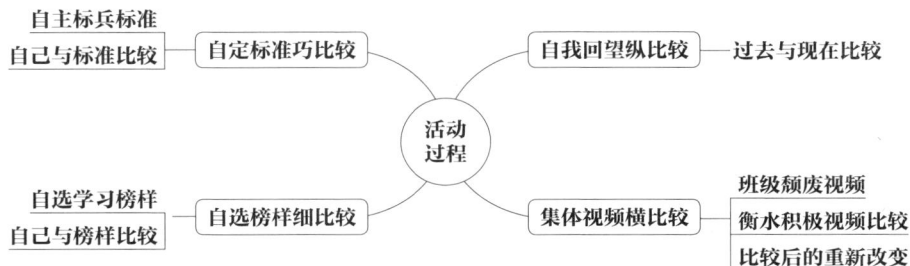

自主标兵标准
自己与标准比较 —— 自定标准巧比较 —— 自我回望纵比较 —— 过去与现在比较

活动过程

自选学习榜样
自己与榜样比较 —— 自选榜样细比较 —— 集体视频横比较 —— 班级颓废视频　衡水积极视频比较　比较后的重新改变

　　不管是和自己的标准、榜样比较，还是和过去的自己比较，比较的意义在于鉴别。在比较中明白：这条路上，荫翳也好，晴空也罢，在比较中，才能理智地上路，不断地跋涉，向着目标，前进……

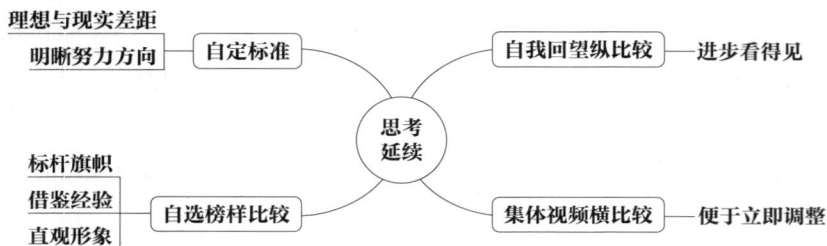

理想与现实差距
明晰努力方向 ── 自定标准
　　　　　　　　　　　　　　思考延续 ── 自我回望纵比较 ── 进步看得见

标杆旗帜
借鉴经验 ── 自选榜样比较
直观形象 　　　　　　　　　　　　集体视频横比较 ── 便于立即调整

16. 学习挑战兑现
——成功并非运气，学习是种实力

活动案例

▲ 活动背景

学生挑战结束后，个人都兑现了承诺，班级整体挑战三次，三打二胜。这是我们挑战的第一个回合，兑现个人承诺，是为了激励部分孩子能够吸取教训，积蓄力量，继续努力。

第一个回合，很多孩子失败了。冰冻三尺非一日之寒，挑战的对象比自己优秀，所以，失败也属正常。如何引导学生，把挑战失败的力量变成营养、滋养、指导后面的学习，这才是关键。

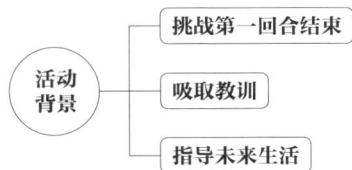

活动背景 —— 挑战第一回合结束
          —— 吸取教训
          —— 指导未来生活

▲ 活动过程

一、压力——"啦啦派对"见证

孩子们的承诺上墙后，来了众多的观看者，其他年级的同学也纷纷驻足观看。

几个路过的学弟学妹看到挑战榜，津津有味地评论着榜上承诺。我突然灵机一动：既然大家感兴趣，何不找个"啦啦队"旁观，给孩子们增加一份承诺的勇气？

于是，我走到几个学弟学妹们面前，俏皮地说："同学们，你们愿意做我们挑战的见证人吗？如果愿意，那么，等考试结束，兑现仪式上，你就可以选择你想要的挑战礼物。"

"啊，真的？"几个学弟学妹睁大了眼睛。

"真的。"我一本正经地说。

一位女同学眨巴着眼睛，说："老师，你说话可要算数！"

"好，君子一言，驷马难追。"我肯定地说。孩子兴奋地跳起来。

"那我监督这个叫曹琨的同学。这上面说他的追赶人是鑫瑶，要是没有追上，就发酸奶给大家。"孩子指着榜首男生的名字。

"好，我们兑现的日期是第17周周二。"我补充道。

"老师，你说话可当真？"孩子还是有些将信将疑。

"当真当真，到时候你来找我。"

接着，我把这件事郑重其事地告诉了班里的同学，严肃地说："同学们，挑战承诺，我们承载的是责任，初一的学弟学妹们，他们愿意当我们的见证者，这是在监督我们，更是一份压力。有人监督，有人见证，是幸福。同时，当我们输了，就应该对见证者兑现承诺，这也是为自己承诺买单的表现。"班上的同学静静地听着。

正因为有了这份承诺压力，班上的学习氛围更加浓厚。

第17周周二，几个初一的学生走到我的办公室，我有些诧异："你们这是？"

"老师，你忘记了，你不是说今天中午需要见证你们班级的挑战仪式吗？"我恍然大悟。

"今天因为年级开会，我们改在了明天。明天欢迎你们来。"我显得有些不好意思，和他们约定明天再来。

因为有了这样的鼓励，愿意为班级挑战赛当"啦啦队"的已经不仅仅是学弟学妹、路人，我们的科任老师、家长也都参与其中。

二、兑现——现场信守诺言

第 17 周周三，我们如约进行"挑战兑现"仪式，两个班级的同学一起来到了阶梯教室，只见黑板上赫然写着"挑战兑现"几个大字。

主持人上台，用流利的普通话开场："亲爱的同学们，俗话说，一诺千金，我们'学习挑战'赛的第一个回合已经见分晓。考试前我们定下的约定，今天我们就来兑现承诺。"

首先，主持人宣布挑战结果："第一个曹琨挑战鑫瑶，曹琨挑战失败。"曹琨涨红了脸。拿着自己挑战时承诺的酸奶走上讲台。

然后，挑战双方走上讲台。挑战失败的同学对着胜利的同学说："向你学习。"挑战成功的同学，亲切地说一句："继续努力。"双方握手。

第三步，挑战兑现承诺。曹琨的承诺是请全班喝酸奶，他早已经准备好了几十瓶酸奶，依次发给全班同学。

第四步，双方谈感受。应战人鑫瑶有些不好意思："我觉得，我是侥幸赢了曹琨，他这次生病了。所以，我也不能掉以轻心，还会继续努力。"作为挑战者的曹琨早已是胸有成竹，不慌不忙地说："这次被鑫瑶甩了很长一截，说明她的实力很强，并且很努力，我一定会努力的，等着，我会继续挑战你的。"一句挑衅的话惹得全班哈哈大笑。

挑战兑现还在继续着。彭红还叫来了自己的"啦啦队"——妈妈。这一次彭红远远超过了迎战人，双方挑战兑现仪式一步一步、一丝不苟地进行着，到最后一步，彭红红着眼圈说："我想拥抱一下我的妈妈。是她这个见证人，给了我无穷的力量。"说着孩子的泪像决堤的海，彭红妈妈和孩子久久拥抱在一起……

接着是两个班级的兑现，主持人说：本次挑战六班输，五班赢。我们当初的承诺是给对方每个同学一个棒棒糖，有请两位班主任上台。"

我和五班班主任同时上台，一步一步进行着几个步骤的挑战兑现。

言必行，行必果。挑战兑现仪式，给承诺一份行而有果的责任，也给挑战增加了信守诺言的意义！

三、深化——双方代表谈感言

挑战兑现仪式，更多的是需要提升，需要深化，需要升华。

主持人说："刚才，我们兑现了承诺，不管成功也好，失败也罢，我们愿赌服输，信守诺言，当然，更重要的是明白未来的学习和道路。有请我们挑战人和迎战人，各选一个代表上台讲话。首先请挑战成功的胡瑶上台谈谈成功的方法。"

胡瑶瞬间红了脸，害羞地说："这次挑战我的是邻班的袁波，我知道他的实力，所以一直不敢掉以轻心，我仔细分析了自己和他的差距，主要是语文、数学、英语学科。所以，这个月我就很注意提升这几个学科。比如语文，我就多读、多看、多写。再比如数学，做题我更加认真，记笔记也更加到位，因为我时刻记得这个挑战，我是应战人。英语呢，我坚持每天回家大声读。所以，这次挑战赛，给了警醒我的力量。"

接着挑战人袁波上台："怎么说呢，这次上来，还是挺丢脸的。本来上次我作为六班的代表到五班去宣战，结果呢？被别人甩了老远。我记得五班的班长汝佳说：'你们要挑战我们班，来吧。'虽然只是一句很简单的话，但是他们真的用实力做到了。既然赢有赢的原因，我们就应该向他请教，为什么别人比你强，这是有原因的，是实力。"

主持人顺势引导大家分析原因："袁波刚刚说到，总体情况是六班某某某挑战五班某某某失败。那么请问六班同学，你们觉得，这次为什么会失败呢？"宇航说："首先，我认为我们班没有表现出状态，没有爆发出小宇宙。最近感觉我们还不够勤奋。如果我们全部都进入状态，相信我们是有足够的实力战胜的。"宜鸿举手发表了看法："我觉得五班做得最好的是，他们都很踏实，所以，我觉得，我们应该将踏实做到最极致。"

五班的班长也发言了："这次五班能成功，第一是团结，同学们的互相帮助；第二，心里一直把挑战赛作为动力。我们愿意努力！"

大家自发地总结着原因，深化了我们挑战赛的内涵，挖掘了学习的方法，深剖了本次成功失败的方法，为下一次挑战做好了铺垫。

四、延伸——班主任发言升华

挑战兑现仪式，班主任的发言至关重要，起着延伸活动效果的作用。

首先，主持人邀请了五班班主任鲁老师发言。鲁老师走上台，从容不迫地说："这次五班成功了，一部分同学在认真参与，但是相当一部分同学也根本没有参与其中。既然我们互相挑战，这就是一种缘分。我想跟两个班的同学说，这不仅仅是两个班的挑战，也是初三毕业的挑战，更是人生挑战。希望我们未来能勇敢去接受挑战，期待所有的同学能在自己的人生之路上，走出自己的一片天地。"顿时会场掌声雷动。

接着，我作为六班班主任发言："我想说的第一句话是，赢要赢得持久，输要输得美丽。现在我的身份是六班的班主任，不是年级组长，我宣布第一个回合的挑战，五班赢了，我们输得很服气。同时，我相信六班的同学不会气馁，会总结原因，齐心协力做好下一轮挑战。六班的同学有信心没有？"六班的同学高声吼道："有！"

"当然，输也好，赢也好，我们都要总结方法。为什么会赢？为什么会输？今天同学们总结得很好。我记得玉林说得很好，他把自己有哪些薄弱学科全部说了出来。后面更重要的是行动，我们要和五班的同学共勉。"

接着，我谈了学习的类型，提升孩子们对自己的认识："孩子们，挑战只是形式，更重要的是用挑战来增添激励自己努力奋进的动力。在学习上，我们要清楚自己究竟属于哪种类型。第一种是常胜将军型，这种同学的特点是不会骄傲，会一如既往地给自己寻找前进的动力。第二种是春风得意型，考好一次，就不努力了。第三种是巨人侏儒型，说话的巨人，行动的矮子。开始雄心勃勃，后来萎靡不振，最后的结果也是一场空。第四种是伤心欲绝型。考之前抱着幻想，考之后又来后悔。第五种是满嘴借口型。他给自己找借口，老是说，老师这道题没有讲到，我只是运气不好。还有一种是满不在乎型。这次挑战，表面看暂时是成绩的事，实际是人生的事。现在，你可以拿一张纸去承诺挑战。可是，如果我们现在不努力，我们拿什么去承诺未来？"全场顿时陷入了沉思之中。

最后，我号召挑战人和迎战人互相握手，结束了本轮挑战兑现仪式。

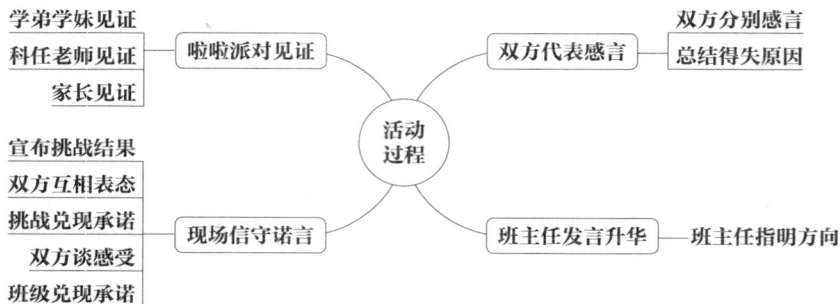

学弟学妹见证
科任老师见证 ——— 啦啦派对见证
家长见证

双方分别感言
双方代表感言 ——— 总结得失原因

活动
过程

宣布挑战结果
双方互相表态
挑战兑现承诺 ——— 现场信守诺言
双方谈感受
班级兑现承诺

班主任发言升华 ——— 班主任指明方向

思考碰撞

承诺是花，兑现是果。有承诺就有期盼，有期盼就有倒逼。兑现仪式实现了"要做到一诺千金，需要主动践诺"的践行，把挑战仪式真正做到了有开始，也有结果。更为重要的是，兑现仪式后，学生的表现依然要朝着期待的方向继续发展，并不因为挑战兑现的结束而结束，这就需要不断地回顾践诺，把挑战仪式的养分内化成一种内在的品质，滋养未来成长的道路。

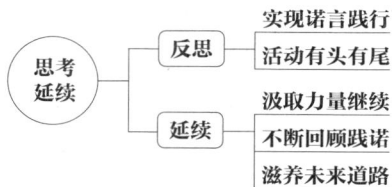

实现诺言践行
反思 ——— 活动有头有尾

思考
延续

汲取力量继续
延续 ——— 不断回顾践诺
滋养未来道路

第四章

家校合作：和谐家校助推器

活动案例

▲ 活动背景

初二是一个重要的分化期，是学生的"心理性断乳期"，教育得当，是学习的巩固期和上升期，教育不当，会成为学习大幅退步，沾染坏习惯，自暴自弃的高发期。那么，开学初，如何与家长齐心协力，携手共进，一起顺利度过初二这个关键期呢？

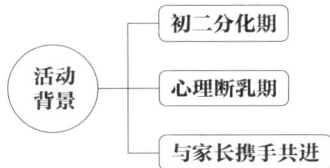

活动背景 ── 初二分化期
         ── 心理断乳期
         ── 与家长携手共进

▲ 活动过程

一、特色奖状制作——用奖状寓意鼓励上进

这次，我们准备做出与众不同的奖状，让孩子们和家长有着与众不同的体验。于是，我们发出班级同学设计奖状的招募书，并以小组为单位，进行奖状设计。

首先，我提出奖状设计要求：1.纸张要求是 A4 大小。2.深入分析奖状的寓意。小组分工设计完毕，大家发到群里，进行公开选评。最后，我们选出的三款奖状，寓意浓厚。

一款是白色底板上有阳光彩虹的奖状。寓意是：阳光总在风雨后，请相信，风雨后有彩虹。所要追求的美丽，需要历经挫折，才能达到；历经坎坷，方能成长。

一款是灿烂的太阳设计。寓意是：用热情激发生命活力。太阳象征激情，寓意着充足的信心和向前的动力。给身边的人带来光明、生机、温暖和希望。

一款是绿色的小草设计。寓意是：我们都像一株小草，不管脚下的土地多么狭窄，只要还有立足之地，就永不放弃。我们坚韧不拔，对生活充满希望；我们坚强不息，永远充满着朝气。

设计奖状的过程，就是促进自我发展的过程。让家长们看到孩子的成长，看到班级特别的文化。

二、展示假期考核——用注重过程引导新征程

我在家长会上，展示假期考核。我们出示了假期的每一项日常记录，记录人是当天负责人，每一个项目，由项目负责人进行情况汇总。首先，展示的是"假期每日一题"。负责人周庭宇指着每一个栏目说："这一栏是每天做题的记录，这一栏是每天做题的质量。每天做题，计 5 分。每一次作业质量，评出 A、B、C、D 四个等级并折算成分数，相加得出最后的分数。"然后，周庭宇公布总分数。

"我们评选的是每日都做题的同学，全勤的评选为'每日一题持之以恒之星'，下面，我宣布评选上的同学名单：张鑫、彭柳媛……"

接着，展示"每日读书打卡"。负责人小艺上台，说："我们是以每日记录打卡的情况登记。我宣布，这次缺勤的次数情况……"孩子照着表格一一念出。最后，小艺说："我们这一次没有一个全勤的，作为负责人，最优秀的没有，这个奖项没有办法评选，我们宁愿空着。"家长们纷纷点头同意。

然后，锻炼小分队负责人上台。孩子出示了每日考核后，说："在宣布之前，

我先讲一个故事，苏格拉底有一天给学生上课，不讲哲学，而是要求大家做一个简单的动作，用手往前摆动 300 下，然后再往后摆动 300 下，看看谁能每天坚持。前面几天，90% 以上的人都能坚持。过了一个月，只有 70% 的人坚持。过了一年，只有一个人坚持，这个人就是后来成为大哲学家的柏拉图。"孩子说到这儿顿了顿，再说，"而我们班上，这次唯一坚持的一个人，就是子怡。她坚持不懈，执着追求的品质，非常值得我们学习。"教室里，顿时掌声雷动。

我情不自禁走上台，说："各位家长们，锻炼考验的是一个孩子的意志力和约束力。其实，成功并不太难，只是坚持的人太少，我们有责任好好培养孩子的意志力呀！"家长们心悦诚服地点点头。

假期情况的各种展示，在家长会上进行，有利于家长、孩子、老师复盘过去，思考未来。

三、亲子同台领奖——用榜样的力量引领成长

接着，我们对每一项的考核进行颁奖。

我们邀请家长和孩子一起领奖，目的是让家长和孩子感受到喜悦的同时，也让家长们明白陪伴的重要。同时，让其他家长感受到榜样的力量。

"下面有请我们的'每日一题持之以恒之星'上台领奖。"主持人慷慨激昂地说。孩子和家长带着灿烂的笑容，兴高采烈地走上台来。颁奖嘉宾是班级的项目负责人。

接着，孩子们和家长一起拍合影，留下最美好的时刻。孩子们和家长边照相，边说着："军功章有你的一半，也有我的一半呀！"

趁着台上台下热气腾腾之时，我继续"火上浇油"："同学们，我们延伸一下获奖的喜悦，60 次掌声送给他们，掌声响起来！"整个教室里响起一片噼噼啪啪的掌声，台上的孩子和家长乐得合不拢嘴，一起享受成功的快乐！

最后，获奖的家长和孩子谈谈自己的感受。有的孩子激动地说："我感谢我的妈妈陪伴我。"家长顿时掉下眼泪："看到孩子能够获奖，我很是欣慰，这个假期我一直坚持陪伴孩子。"

四、承诺现场兑现——用仪式让家长看到真实

把期末考试的承诺，在开学进行兑现，给过去画一个句号。同时，也是开启新学期的一个冒号。

在家长们面前展示承诺兑现，可以给学生增加一份责任。同时，有的同学准备完毕，有的没有准备完备，把孩子在学校真实的情况展示在家长面前，让家长更清楚孩子的情况，对新学期有一个清醒的认识。

"同学们，上学期进行了学习挑战，大家自己制定的措施，自己找的挑战人，今天我们需要兑现承诺！"

"啊，我没有准备！"有孩子惊讶地说。

"啊，我忘记带了！"

"忘记啦！"我故意睁大眼睛，"这可是昨天布置的任务哟，我们说了家长会上，现场兑现的哟！"

我接着说："各位家长，今天我们把孩子的情况主动展示在大家面前。这虽然是一件小事情，但是从中我们可以看到孩子的意识问题。"家长们纷纷点头表示赞许。

主持人开始宣布："王明挑战周旭，没有成功，承诺是一个棒棒糖。王明带来了吗？""带来了，带来了。"孩子笑眯眯地说着，继而递过自己的承诺。

"周琨挑战袁弘。挑战失败。承诺的是薯片。"

"我没有带，明天补上好吗？"

"你这孩子……"周琨妈妈无奈地摇摇头。

承诺兑现还在进行着，带来与没有带来都不重要。重要的是，这让家长们看到自己孩子的情况。从孩子的角度来说，可以增强孩子的意识；从家长的角度来说，可以引起家长的重视。这不失为一个转变孩子的好方法呀！

五、本学期未来展望——用直接交代把新学期变得有序

展示假期，总结的是过去；布置开学，展望的是未来。接着，我们开始

对本学期进行展望。

我和家长们交流了本学期的几个方面。

1. 学生特点。初二是孩子们初中阶段成长发展的转折点，是教育的关键时期，是初中生活分化的重要时期。这个阶段的孩子，容易叛逆，情绪偏激，易受外界影响，凭感情行事。所以，需要家长多关注孩子，耐心陪伴孩子，度过初二这个关键期。

2. 学科特点。初二增加了一门学科：物理。我们需要从初二开始重视物理的学习，这能为初三学习化学打下基础。实验是这个学科的基础，我们要重视实验，利用实验，提高我们的观察能力、思维能力、分析能力。还需要重视物理概念的理解，重视物理公式，重视习题。一句话，从一开始重视起来，一定没错的。

3. 新规则。关于初二的手机问题，本学期，学校统一管理，在校门口登记，锁在箱子里，放学的时候，再到箱子处领取。

4. 班级变化。初二常规我们准备在早上朗读时开启，下午由播报者开始做起，同时加大青春课程，加强集体公益活动。

一次开学家长会，既是一次总结，更是一次展望！

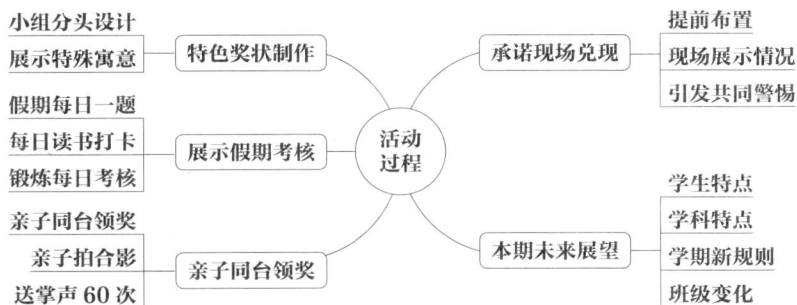

思考碰撞

开学家长会，每一个环节要都给予其意义。班级奖状的特殊寓意，也是将班级发奖赋予更深的文化趣味；展示假期考核是对假期的回顾和梳理，让孩子的过去，家长看得见；亲子同台领奖，既是体验成功的喜悦，更是榜样典型的树立；现场承诺兑现，与其说是一场承诺的达成，不如说是孩子状态的现场直播，用事实说话，引发反省和思考。最后我们的本期展望，认清本学期的意义，把握重点，增强实效，这不正是我们愿意开启的新学年吗？这样的开学家长会，多了实在的意义，多了直逼重点的气息，多了实践和落实的温度！

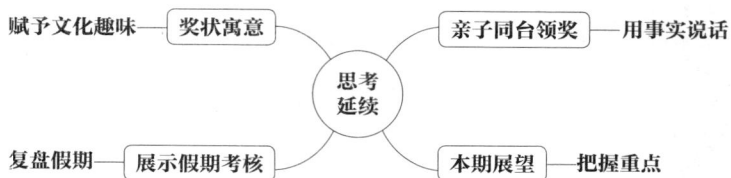

赋予文化趣味——奖状寓意　　　　亲子同台领奖——用事实说话

思考延续

复盘假期——展示假期考核　　　　本期展望——把握重点

18. 互动联盟团
——三个臭皮匠，顶个诸葛亮

▲ 活动背景

期中考试后，我们需要和家长一起分析孩子的情况，总结得失，为下半学期的开启，提出指导性的策略。那么，如何调动家长力量，一起掀起新一轮的动力驱动？我用了"家长教育互动联盟团"。

▲ 活动过程

一、个性邀请函——针对自身情况设计

面对即将召开的家长会，学生有的战战兢兢，害怕暴风雨的到来，仿佛到了世界末日；有的孩子显得有些兴奋。当然，各自表现，不尽相同，各有各的想法。于是，我们要求孩子们，给家长做一张"个性邀请函"。根据自己的理解，想怎么写就怎么写。

果不其然，孩子们有的做得华丽，色彩斑斓；有的做得朴实，用简单的作业纸解决问题。

内容上，有的孩子提前给爸爸妈妈打"预防针"："妈妈，这次期中考试我考得不是很理想，你要有思想准备哟。但是你参加了这次家长会后，我会努力去改进的。邀请人：××。"

有的写得幽默："这段时间在学校表现'太好了'，再次邀请你到24中来喝个茶，谈人生。这次主要是成绩问题，虽然成绩好的也要来喝茶，但这个喝茶的感觉不一样。"家长看到后肯定会忍俊不禁。

有的表达了对爸爸妈妈的希望："妈妈，我知道，你讨厌我和你斗嘴，但我也没有办法控制自己的情绪。你总是大声地叫我，你总是误会我，我说不是我，你偏要说是我，你觉得我会好好与你说话吗？你考虑过我的感受吗？不过这些都过去了，我邀请妈妈来参加这次家长会，我很希望这次家长会成为我们的沟通会。"

有的提前汇报了自己的在校状态："尊敬的爸爸，请您来参加本次家长会，其实我的学习状态回来了，这次就是总结月考状况，不用担心，这是之前的，等您到来后，下次就不一样了。等您哟，邀请人：王艺。"

根据自己内心想法设计的邀请函，对孩子自身来说，有针对性，也符合实际情况，一切从学生中来，到学生中去。

二、家庭分析栏——针对家庭情况分析

家长们被孩子邀请到学校，我把期中考试成绩发给家长们，再拿出一张小白纸发给每一对亲子。

我说："各位家长和同学们，成功有成功的原因，失败有失败的理由，不管考得好与不好，借今天的聚会，我们就每个家庭的具体情况，一起总结分析这次期中考试吧。"

家长和孩子一起总结，共同复盘，母子俩，父子俩，大家一起说着，记录着。

秋萍分析："数学主要是函数运用学得不够牢靠。物理上的沉浮和压强没有学好。"她和妈妈商量着，最后定出计划："数学的策略是准备好错题本，

把每一道不会的题都记在本子上，随时翻阅。妈妈监督。""物理，多做一点难题，拓展一下思考题。"

周庭宇妈妈主动向孩子承认错误："我没有管理好你的手机，让你分担了过多的家务，不关心你，没有认真监督你的作业。"孩子也马上承认："我在上课的时候不够专注，不会举一反三，作业有些马虎。"

然后，双方一起制定出相应的措施："作为妈妈，我准备不用手机，专心陪伴你。""作为孩子，我准备，每天记录开小差情况，然后自己督促自己改进。同时，作业一定独立完成。"

有的针对自己的学习习惯进行了分析。明瑶表示："周末时间浪费太多，作业总是放到星期天来完成。"家长说："对孩子关心太少，特别是周末，较少关注孩子的学习。作为家长，准备针对孩子偏科的情况，多花时间陪孩子一起补薄弱，并且和孩子一起拟订时间计划表，督促完成。"孩子说："看来爸爸还是很了解我的，我确实时间安排有问题，我一定听爸爸的话，执行好时间安排。"

在这样一个集体的场合，一起冷静而客观地进行期中总结，并且针对每一个家庭个体展开，一针见血，落到实处。

三、家长联盟会——分享共性疑难问题

接着，我们进行了家庭分析。我们邀请父母到孩子们平时的小组里，组成研讨共同体，分工做发言、记录、掌握时间、引导讨论、绘图等工作。每个小组提出共性问题进行讨论记录，最后在班级进行分享。

大家分工明确，每一个人都说一下自己孩子的情况，然后综合进行讨论。最后小组把分享的结果书写在大白纸上，推选出发言人在班上进行交流。

大家的讨论可谓热火朝天。先讨论出共性问题，再分享解决方法，在互相交流中，学习彼此的方法。有的组孩子也参与进来，帮助爸爸妈妈梳理和呈现，大家其乐融融地共同做一件神圣的事情。

集体分享的时候，每个小组的爸爸妈妈都落落大方地走上台，主动讲解。

云渊组上台了，文杰爸爸自告奋勇，侃侃而谈："我们组讨论的是怎么解决周末玩手机的问题，我们可能要鼓励孩子多做家务，习惯好了，学习自然好。"

厚勇妈妈说了孩子打游戏的问题："我们组讨论了孩子打游戏的问题。今天，我们聚在这里，认为家长可以在这个事情上疏导控制一下。另外，多陪伴孩子，今天我们在交流的时候，说到为什么孩子们会去做一些我们想象不到的事情，其中一个原因就是陪伴太少，因为陪伴太少，所以他不知道怎么去处理，我们要多多陪伴孩子。"

静默组的秋萍妈妈说："我们讨论的是孩子睡懒觉的问题，我们分析了一下，孩子到了周末就放松了，所以晚上睡觉很晚，第二天起不来。我们组准备从本周开始改进一个问题，那就是周末不睡懒觉。"

通过家长联盟会多人分享，使主题更有针对性，最后在集体分享中再碰撞火花，使更多家长受益。

四、全班集体讨论会——解决一个疑难问题

最后我们把"周末管理好孩子的手机问题"在全班展开讨论。在群里，大家各抒己见。对手机的买还是不买，手机使用的时间，手机使用的规则和孩子因为手机产生冲突等问题，一一进行了深入探讨。

我们的"家长教育互动联盟团"由教室开到了网络，由课上开到了课外，使我们的家长团队劲往一处使，力往一处出，凝聚力大大增强。

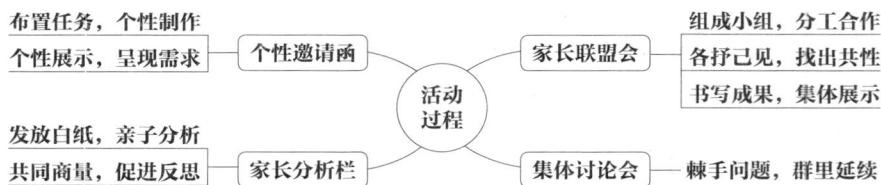

布置任务，个性制作 个性展示，呈现需求	个性邀请函	活动过程	家长联盟会	组成小组，分工合作 各抒己见，找出共性 书写成果，集体展示
发放白纸，亲子分析 共同商量，促进反思	家长分析栏		集体讨论会	棘手问题，群里延续

思考碰撞

把家长会打造成互动联盟团，将家长与孩子，家长与家长，家长与班级，

家长与老师紧紧联系在一起，组成了一个牢不可破、团结互动、合作共赢的教育共同体。老师和家长共策、共议、共享，由个体问题到共性问题，再到棘手问题，层层剖析学生成长中的问题。每个家长都有自己独到的一面，而家长联盟团正好创设了平台，充分挖掘了家长资源，开拓了集思广益、共同探索的家校合作局面;同时，转变了家长的观念，充分调动了家长的主动性，增进了家长对学校的理解与支持，并且提升了家长家庭教育的水平，做到了与孩子共成长，并化为了行为浸润，反哺孩子的成长！

```
  得到启迪          思考        感悟管理
                   延续
  深入思考                      联系实际
```

19. 家校凝聚力
——用投票抒写永恒记忆

活动案例

▲ 活动背景

我一直在思考家校合作的意义，哪怕一件小事情，也可以衍生出大意义。李家成教授曾说："家校合作是一个双向互动，动态生成的过程。""家校合作是家长和教师在多领域内的相互合作。"基于以上的理论基础，本次学校进行了"元旦文艺汇演"的网络投票，正好实现了动态生成，多个领域相互合作，网络投票增强了家校的凝聚力。

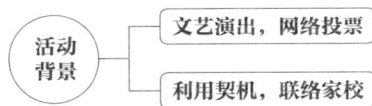

```
          ┌─── 文艺演出，网络投票
 活动
 背景 ────┤
          └─── 利用契机，联络家校
```

▲ 活动过程

一、激发鼓励——引发热情

家校合作中，我们注重的是双向的互动，而这个互动需要唤醒、激发、鼓励，这是一个过程。

在节目网络投票中，我们要调动家长参与的热情。有的家长认为，节目不是自己孩子演出，热情不会太高；有的家长认为，节目投票作用不大。所以，疏导与沟通，显得尤为重要。

从投票开始，我就不断地激发家长的热情，主要从以下方面引导。

1. 从团结角度

各位家长，关心班级就是关心自己的孩子。一个群体需要心往一处想，劲往一处使。当我们真正投入地做一件事的时候，孩子也会受到熏陶感染，孩子也会自觉努力；当我们真心为集体付出的时候，所有人也都能看到；当我们个体需要帮助的时候，一定会有强大的集体一起帮助你。

2. 从榜样角度

家长的努力，家长的积极，就是正能量，就是孩子最好的榜样。有一天，你们的孩子会管理一个厂、一个公司，最少也是经营一个家庭，您就是孩子的榜样。

3. 从理念角度

网络投票，是时代发展的需要。赠人玫瑰，手留余香，帮助别人，就是帮助自己。谁能保证，我们一辈子，还有孩子，不需要别人的帮助呢？

家长们也开始活跃起来，子怡爷爷在群里吆喝着："'锦鲤'是初二（九）班的代号，请亲朋好友投票。"并把截图发到群里。

厚勇妈妈说："我也很希望，以后大家能为我儿子投票。""当然！"群里的家长们也开始应和。

张剑爸爸说："我已经发给亲朋好友，大家都行动起来。"家长群里越来越热闹，大家的热情慢慢被调动起来了。

调动家长参与班级活动的热情，需因势利导，更需鼓舞激发，只有价值认同，才能真正做到齐心协力。

二、接龙参与——方法引导

接着，为了鼓励大家都能参与，我们开始以接龙的方式进行，因为每个人都有从众和向上的心理。

我在群里发出信息：

全体成员：

　　为孩子的班级，我们一起努力，雄起，我已经投票：

　　1.班主任吴小霞

　　后面的请跟上！

紧接着，彭鑫瑶妈妈发出："彭鑫瑶妈妈投票。"我立刻在群里重新复制一遍：

全体成员：

　　为孩子的班级，我们一起努力，雄起，我已经投票：

　　1.班主任吴小霞

　　2.彭鑫瑶妈妈

就这样，第三个，第四个……家长带家长，大家陆续接龙。

"老师，我不会。"一个微弱的声音在群里弹出。张鑫妈妈马上回应："我帮你。"第二天一大早，家长们已经自觉在群里接龙开始。

接龙的方式，营造了投票的氛围。同时，为后面的统计，节省了时间。

三、骨干力量——榜样带动

投票过程也需要经营，需要有骨干力量支撑，投票主力发挥着巨大的作用。

选什么样的家长作为骨干力量呢？我思索着：最关键的是这次表演节目的同学的家长。

于是，我给表演节目的同学的家长，分别发去信息：

　　为了给您的孩子鼓励，请发动更多的人投票吧，这件事就包给您啦，我们全班，需要您的带动！同时，请多多关注群动向，谢谢！

家长们一一响应。大家开始在群里摇旗呐喊："我们向 4000 票进军。""好。"一唱一和，互相应和。

"我们的奋斗目标是进入前 10 名，快了。"

有了几个骨干力量的带动，票数不断攀升，家长们的热情高涨起来。

四、能量鼓动——精神引领

一个班级最重要的是精神的引领，同样家长团队也需要用正能量进行带动。

我反复强调："我们要多树立正能量。投票过程，一个群的正能量，爆发的能量是巨大的。"于是，大家开始喊着口号，发着励志语。

"一个人的力量是有限的，但大家的力量是无限的。""所谓的正能量不是在得意时的花言巧语，而是关键时刻拉你一把。""大家一起努力，坚持到底！""每次打开链接，票数都在不断刷新，再一次见证大家的努力。""雄起，雄起，突破 4 万票。""咱们工人有力量，这力量是钢，这力量是铁""只有走出来的精彩，没有等出来的辉煌。""与第一名差距拉近，还差 1274 票。""团结就是力量，大家再加把劲。"

每个人都是热情澎湃，激情昂扬，精神的能量已经鼓舞着更多的家长参与进来。

五、波澜起伏——纠纷坏事变好事

任何事情都不可能完美无缺，在投票的中途，大家正投得热火朝天，陈鹏爸爸突然发出一句："不投了。"顿时像池塘里溅起的一团水花。一个家长马上问："什么情况？"

"为什么不投了？"大家惊愕不已。

陈鹏爸爸马上发出语音："你看，我天天都在投票，最后接龙上每天都没有我的名字。我还投什么投？"

"名字接龙都是自己加上去的。"一个家长解释道。

顿时，我明白了。原来，孩子的爸爸不知道接龙的名字是自己加上去的，他觉得自己那么努力，最后却没有得到肯定。我能理解这样被忽略的心情。

　　于是，我们马上补救：

　　集体安慰。"我知道大家都在努力，但是名字需要自己去接龙。"我首先安慰着陈鹏爸爸，"别生气，生气伤身。"家长们也一起安慰着。"我们理解你为班级拉了票，却没有看到自己名字时的那份失落。但是这个是自己接龙粘贴的，没有哪一个故意遗忘谁，请多多理解。"

　　一位家长安慰得更有技巧："我们大家要向陈鹏爸爸学习，做事不留名，也不截屏，这说明陈鹏爸爸是一个默默付出的人，值得我们大家学习。大家再坚持一下，我们班上就超过第二了，坚持就是胜利。"

　　后面的家长，也积极地安慰着。

　　私下安慰。接着，我给陈鹏爸爸发私信交流："我们都理解你的心情，我也知道你一直为我们班级着想，很努力地投票。"

　　"可是没有我的名字。"

　　"这个是自己加上去。"我知道说服家长重要的是在乎他的在乎。他最在乎什么呢，自己的儿子。我接着说："我们要给自己的孩子树立一个大气的榜样。这很重要。""好。"陈鹏爸爸被说动了，"那就到群里去回应一下大家吧。"我趁热打铁地说着。

　　一场纠纷就这样烟消云散，陈鹏爸爸在群里继续和大家一起吆喝着，成为最热心的家长之一。

六、高潮迭起——群起努力

　　后来，群里爆发出了能量小宇宙！

　　家长们能动员的关系都动员了，能想的法子都想到了。每天早上，醒来第一件事，就是投票，每一个人都是全情投入。

　　最后一天8点投票截止，那天凌晨4点多，班级群里就已经热闹非凡。

　　"我的5票已经投完了。"

　　"还有145分钟投票就截止了。"

"不到最后一刻绝不放松。"

票数在快速地增长。

"还有 35 分钟投票就截止了。"

"加油，继续投票。"

"还有 5 分钟，见证奇迹的时候马上就到了。"

"5、4、3、2、1。"

当投票截止时，家长群里沸腾了，"第一，第一！"

"5 天的投票，家长们抱着最大希望，做孩子最好的榜样，齐心协力，众志成城，从 0 票到 40000 多票，从名次倒数到现在第一名，我感受到大家的热情似火，雄心壮志，不放弃，不抛弃！这会成为我们博静班家长的精神，我为自己是博静班的家长而骄傲！"家长们群情激昂地表达了自己的心声。

博静班家长们的心，因为投票已经紧紧地聚集在一起，这种巨大的能量，在每个人心中交汇、凝聚、升腾……

七、投票后——向家长表达感谢

投票重要，投票后的表达感谢，也同样重要。

我从以下几个方面给全体家长写了一封感谢信。

1. 作为班主任，我很珍惜这份缘分。2. 这次投票成功是给新年最好的礼物，给孩子最好的激励。3. 这一路上，我们收获了信心。4. 这一路上，我们收获了经验。5. 这一路上，我们收获着正能量。6. 投票的状态，就是我们做家长的状态。7. 家长的精神，鞭策着我这个班主任。8. 愿我们把这样的精神延伸到其他方面。

我一口气写了三千多字，发到家长群里。家长们阅读后，纷纷说："吴老师，是你的精神感染了我们，所以，我们愿意一起努力。""以后我们也要发扬这样的精神，继续努力。""我为在博静班而骄傲！""希望孩子们能感受到这样的热情。"微信群里充满了温暖和感动。

我给有特殊贡献的家长，单独发感谢短信。有时候，感谢的话语单独说出来，效果会更好。重大贡献私下表扬，感激之情单独表达。

张剑爸妈：

　　你们对班级的付出，我们都看到了，感谢你们的精神引领和那么投入地为班级着想，我知道你们是真心把班级的事当作了自己的事情。在此，我深深地向你们说一声：谢谢你们！你们辛苦了！同时也恭喜你们，你们在努力的同时，你们的孩子绝对能感受得到！当然，孩子们以后的路还很长，需要我们更多地为孩子们付出和努力，所以出谋划策的骨干力量，你们当之无愧，愿新的一年，我们携手共进，创造更多辉煌！

小霞敬上

2016 年 1 月 4 日凌晨

我把感谢短信发出后，家长们热烈地回应着我，有的是发语音，有的是发文字。

一位家长回复道：

　　吴老师，为班级做的，就是为自己的孩子做的。以前我在群里乱发言，您都没有计较。您的大度，让我的怪脾气也改了不少，是您让我学会了做人。感谢吴老师，让我学到很多东西，人与人之间的相处沟通是您把我教会的，望您教我更多的知识。感谢您对赖兴美的培养。要说感激之情，应该是我们来感激您，我们家长为班级做事是应该的。班级有什么事情需要我做的，您尽管说，我们家长愿意为班级分忧！

赖兴美爸爸

一封感谢信，不仅增进了老师和家长之间的情感，同时，也消除了一些小误会，还鼓励着家长和我们，一起向更美的远方努力。

八、孩子学习——父母金言养分汲取行动决心

家长投票，最为重要的是，能够让孩子们受到鼓励，受到感染。所以，家长们的热情，家长们的努力，我们需要让班级的学生看见！

1. 领略家长热情

我把投票过程的截屏发出来，孩子们看了时而啧啧称赞，时而惊异不已，时而爆发出阵阵掌声。整个教室，已经被家长们的热情感染了。

2. 赏析家长金言

我们把投票中发出的励志语，让孩子们赏析。并把励志语一一收藏，作为期末励志语。

3. 每天诵读金言

我们把家长金言写在黑板上，进行每日诵读。每个孩子热情澎湃，比平时读得更带劲，更投入。

4. 发视频到家长群

我把孩子们热烈朗诵金言的视频，再发到家长群，让家长们看到孩子们受到鼓舞的样子。家长群也仿佛受到感染，陆续发出新的"家长金言"。

就这样，每天家长群里正能量爆棚，这就是我们的投票故事带来的收获。相信这样的力量，会继续创造更多的美好，我等待着。

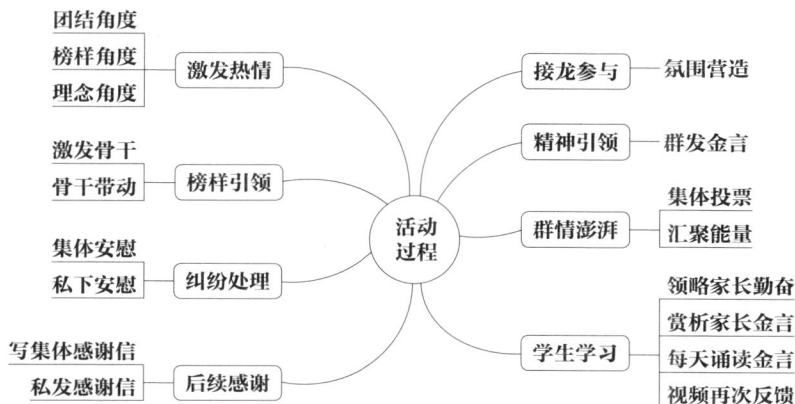

在家校合作中，调动家长的参与积极性很重要。我们要善于利用每一次的机会，点燃家长的激情。找到共同沟通的焦点，促进家校的良性沟通。同时，细致入微地做好细节，找到家长的热情所在，一切为了学生，为了一切学生。树立家长中的榜样，老师和家长在教育目标、教育理念、教育方法、教育责任上产生共鸣。利用现在信息时代的便捷渠道，拓宽家校合作的方式。以此，用家长的力量来感染学生，让家长产生强烈的责任感、成就感。这样，形成家校双方用心、双边联动、双向发力、彼此接纳、共同悦纳的教育磁场！

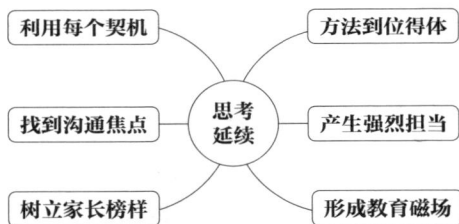

利用每个契机		方法到位得体
找到沟通焦点	思考延续	产生强烈担当
树立家长榜样		形成教育磁场

活动案例

▲ 活动背景

常规家长会的目的是什么？一次解决一个问题，足矣。常规家长会重在实效，如何用更新颖的方式让家长接受，让学生改变，需要创新思维。开家长会前，抱着期望，希望能够通过家长会改变和解决遇到的问题；但是开完后，却带着巨大的绝望，一切问题还是照常。所以，用震撼和新颖的方式，将常规家长会开出实效，是我们老师应该思考的问题！

最近，孩子们对学习不够重视，而且作业马虎，本次家长会就要解决作业问题，促进孩子们内在思考，重视学习，重视作业。

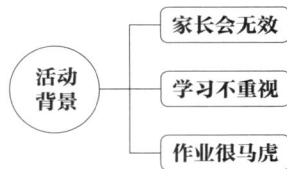

```
               ┌─── 家长会无效
   活动          │
   背景 ─────────┼─── 学习不重视
               │
               └─── 作业很马虎
```

▲ 活动过程

一、会前——来一次心情体验的描述

开会前，我们需要了解孩子的心声，同时，也要促进他们对本次家长会的重视。我让孩子们来了一场家长会前的心情描绘。

有的孩子表达了自己害怕被父母批评的心情；有的孩子思考了自己这段时间的学习状况；有的孩子设计了家长会后的情景；有的孩子已经着力于自我提高，自我警示了。

以下是一个孩子的心情描述。

　　明天就是家长会了，今天父母比我更加兴奋激动。父母总是期待着开家长会，他们想在家长会上，看到我的进步，也会因为我得到表扬而感到欣慰满足。他们会因此而骄傲。

　　回到家，我就一直唠叨说：爸爸妈妈，我们明天要开家长会！爸妈笑吟吟地说：用不用我们都给你去搬大奖？而我却无言以对。

　　这次家长会让我意识到：期末考试已经迫在眉睫，教室里应该热情高涨。而我这段时间不认真，我有些害怕。

　　这次家长会，我也许会看到我与别人的差距，我也在想，开家长会就已经在警醒着我们：期末要到了！期末要到了！！时间很紧迫！

　　家长会上，也许大家的表情都是严肃的，因为这不是在开玩笑，期末更不是儿戏。我更加感觉到拼命冲刺的人不断往前，不断远离我，只剩下一条遥无边际的跑道。我已经有些慌张了。

我惊讶地发现，班上三分之二的同学都表达了自己的担忧，更多的却是内省。而且，孩子们只知道害怕家长会，却不知道该如何从头到尾厘清自己出现的问题，找到需要改进的方向。

所以，本次家长会，我让孩子和家长一起参加，促进大家更深刻地反思。

二、会中——来一场对症下药的震撼

期末来临，各科作业增加，而学生的作业质量也是每况愈下，面对这样的事情，我反复说了很多次，最后还是无疾而终。所以，这一次，对这个迫在眉睫的问题，我只能给大家当头棒喝。

我必须把实情反映给家长，让他们明白自己孩子的现状。这一次，我们要同台开会，并且让孩子们看看，究竟家长会有什么样的作用。

（一）展示成长轨迹

我将每个孩子从初一到初三的期中和期末的成绩，全部展示在了一张纸条上，让家长们真正明白孩子进步和落后的情况。要注意一人一张小纸条，保护隐私，也尊重每一位同学的隐私。

家长和孩子一起看小纸条，效果胜过单独发给学生。有的孩子非常惊讶，自己怎么一直在下降；有的孩子看着自己跌宕起伏的成绩，心情也跟着心潮澎湃；有的孩子看着自己不断攀升的成绩，欣慰地露出了笑容。

（二）对比优差作业

看着有的同学每次对家庭作业都是马虎了事的态度，我心里五味杂陈。我必须给孩子们当头棒喝，也让家长们看到自己孩子和别人孩子的差距。我把优秀的作业和做得不理想的家庭作业，在展台上展示，教室里鸦雀无声。

我告诉大家："刚才大家看到了自己孩子成长的轨迹，这和孩子对待作业的态度是分不开的。"我在展台上展示着："这是洪睿的作业。"大家看着娟秀的字迹和认真的书写，不禁鼓起掌来。"这是忆佳的作业，每次都很认真！"大家都啧啧称赞着……展示完优秀的作业，我不得不压低声音说："家长们，我们有很多认真完成作业的同学，同时也有需要改进的同学。"我把全错和敷衍了事的作业放在了展台上，我没有说话。看着展台上面留着空白的作业，还有一个个刺眼的红色的叉叉，有的孩子羞愧地低下了头，家长们也看得若有所思……

（三）进行方法引导

家长们看到了作业展示和孩子的成长轨迹，接下来的引导，就显得水到渠成了。我从为什么要做作业，到做作业的环境，再到对作业的安排等方面和家长们一起分享。

1. 为什么要做作业

（1）学习的步骤是预习、上课、作业。缺少任何一个步骤都不行。我们的考试是笔试，把每一次作业当考试，那么，每一次考试就是做作业。

（2）做作业马虎，对知识的了解永远都是浮在表面的。马虎的毛病不及时纠正，长大后会变本加厉。

（3）学习上的技巧，特别是考试的技巧，做题的技巧，往往都是在做作业中增长的。

（4）一个学生的学习自信是在长期做练习、写作业中形成的。不写作业的学生是不会有学习上的自信心的。

（5）从青少年开始尽心尽力完成老师留的作业，不弄虚作假，就会自然而然地树立敬业精神。一个人从青少年时期就不完成作业，将来在工作岗位上也不会有很好的敬业精神。

2. 做作业的环境

（1）建议孩子写作业的时候不要吃东西。

（2）给孩子一个安静的写作业环境，这样更能提高效率。

（3）让孩子在固定时间内完成作业，训练孩子高度集中精力。

3. 做作业的安排

（1）养成做事有条理的习惯，让孩子学会紧急的事情优先做。

（2）不要只是督促，而要真正地要求他、陪着他。

（3）让大家坚持写时间安排，目的是希望大家能充分明白自己孩子时间安排上的问题。

开完家长会，果然，孩子们第二天的作业已经有了翻天覆地的变化，字迹工整，态度更认真了。

三、会后——来一个推心置腹的反思

家长会后，还要注意促进教师、学生、家长三方的复盘和思考。

首先，做家长问卷调查，既是促进家长的反思，也是我们检验会议效果的依据。

家长问卷调查表

内容	家长
本次家长会，您感受最深的是什么？	
本次家长会，您的收获是什么？	
本次家长会后，您的打算是什么？	
关于本次家长会，请提出宝贵的意见。	

注：为了家长会能更好地指导未来，请真实表达您的想法。

然后，做教师自我反思表。很多时候，我们认真准备讲稿，却忽略了会后反思。会后的反思才是促进我们汲取教训、总结经验的关键。

教师自我反思表

反思内容	反思	改进
本次家长会成功之处		
哪些环节需要改进		
家长提出的要求，是否反馈		
本次家长会后的行动		

最后，做学生复盘表。我们的重心还是要移到孩子的身上，这样才能起到作用。此时趁热打铁，让孩子们进行针对自己的总结和反思，从而提升自己的认识，是多么重要呀！

学生复盘表

复盘内容	复盘	备注
家长会前，我出现的情况		
家长会中，我想到了什么		
家长会后，我准备怎么做		
家长的意见		

家长会后,学生的复盘,已经不是感性的心情描述,而是理性的深刻反思。

四、后续——来一次个体家长抽奖

家长会后,有的同学仍然没有改进。怎么办?

我们来了一个"特别的爱给特别的你":单独重新开一次家长会。

这一次,班上的宇航同学作业质量仍然不高,于是,我和宇航妈妈商量,我们来一个家长抽奖。准备一个抽奖箱,里面放着所有同学的名字。怎么抽呢?

第一步,请家长抽奖。只见宇航妈妈把手伸进抽奖箱的时候,全班同学的心都提到嗓子眼,大家都目不转睛看着抽奖箱,眼神随着宇航妈妈的手一进一出移动着。宇航妈妈展开抽出的纸条,大声喊着:"第一个抽到的是王飞。"教室里哗然,大家兴奋地惊叫着王飞的名字,并把目光转移到王飞的位置。宇航站在前面变得不好意思起来。

第二步,抽到的同学发言。说什么呢?"我最欣赏宇航的是什么?""我想提醒他的是什么?"请同学们谈宇航的优点和缺点,可以帮助宇航进步。

王飞站起来,一丝不苟地严肃地说:"我最欣赏宇航反应快,脑袋特别聪明。我想提醒他的是,希望他能够上课的时候少说话,作业认真一点。"宇航变得更不好意思。

抽奖还在继续着,发言的同学还在继续着,一次单独的个人"抽奖会",是一次真正的灵魂洗礼,在悄然间进行着心灵的敲打与震颤。

最后,全班送祝福。等宇航了解到自己的表现的时候,抽奖结束。为了体现班级温暖,每一位同学送一句温馨祝福给宇航。同学们或长或短,或多或少地表达着。整个教室里弥漫着浓浓的温暖,宇航一直微笑着,感动着。

有一种批评效应叫"三明治效应",就是把批评的内容夹在两个表扬的中间。我们的抽奖和祝福就是外面夹着的两层,把提醒夹在中间,如此,减轻了被提醒者心理防御的程度,也营造了温馨轻松的氛围。这样,最后落脚的是解决问题。

了解学生心声——心情体验描述 — 会前 ——————— 会后 — 推心置腹反思 — 家长反思 / 教师反思 / 学生复盘

活动过程

展示成长足迹 / 对比优差作业 / 进行方法引导 — 对症下药 — 会中 ——————— 后续 — 个体家长抽奖 — 家长抽奖 / 学生发言 / 集体祝福

思考碰撞

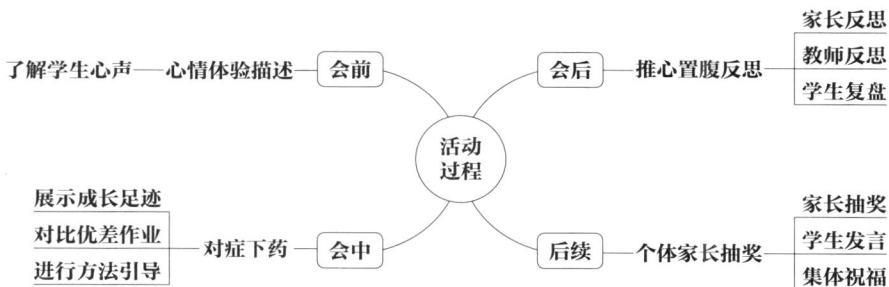

  常规家长会，重在解决问题。会前，了解学生的心声和状态，便于开会中有的放矢。开会中，作为家长，期待了解孩子在校的表现情况。同时，一次好的家长会，能解决具体问题，促进家长反思自我，促进提升教育水平，实现家校的协调配合。会后，注重反思感悟，注重行为反馈。后续，有观察，有措施，有巩固。

  如此，一次专业、有实效、讲科学、讲艺术的家长会，既有前瞻性，也有后续性，既有提升培训，也有复盘思考，真正把家长会变成了家校沟通的美丽约会，编织了真诚相待、推心置腹的家校共育网，长期坚持，定能形成强大的教育合力！

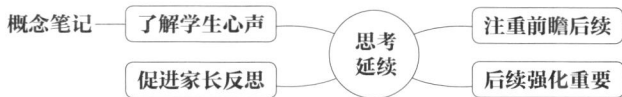

概念笔记 — 了解学生心声 / 促进家长反思 — 思考延续 — 注重前瞻后续 / 后续强化重要

第五章

青春教育：青春是一首动人的歌

21. 修炼之旅
——男神女神是怎样炼成的

活动案例

▲ 活动背景

青春期的孩子，对男神女神很向往。查理·芒格曾说过："想要得到某样东西的最好方法，就是让自己配得上它。"既然他们喜欢男神女神这个称谓，并渴望成为男神女神，不如顺应他们的需求，让他们走上这条修炼之旅，把自己打造成男神女神。

活动背景 ——— 喜欢男神女神
活动背景 ——— 渴望成为男神女神

▲ 活动过程

一、标准制定——男神女神"封神榜"

要想修炼成男神女神，先制作男神女神"封神榜"——制定男神女神标准。那么，标准如何制定呢？

首先，根据自己的理解，制定男神女神标准。初步制定是为了先从自我理解开始，先要有自己的思考，才能进行后面深化、拓展、提炼的思考。大家制定出来的标准各具千秋。有的孩子设计了"女神宝典";有的孩子制定了"男神攻略";有的还进行了"星级的攀升"。制定标准的过程就是孩子们内省的过程。

第二步,角色互换讨论。女同学讨论"最受欢迎的男生关键词";男同学讨论"最受欢迎的女生关键词"。当女同学回答的时候,男同学侧耳倾听,同时书写员快速在黑板上书写。

女同学争先恐后说道:"温文尔雅、优秀、会说话、幽默、正直、会做饭……"

全场男同学哗然,"啊,会做饭也是呀?"

"是呀,男同学会做饭更有男人魅力呢!"女同学高声嚷嚷。

黑板上密密麻麻写了一排"最受欢迎的男生关键词"。

讨论"最受欢迎的女生关键词"时男同学也是毫不示弱。

"不打人不骂人,老师,有的女同学喜欢打人呢!"有的女同学,不好意思地低下了头。

"有涵养、有特长。"孩子们七嘴八舌地议论着,书写员飞速地记录。

第三步,选取"男神女神关键词"10个。女生选取了"女神10大关键词"——不打人不骂人、不撒泼、懂礼仪、纯洁、善良、会理财、有上进心、爱读书、有孝心、文静。男神关键词:有责任感、正直、阳光、有上进心、无不良嗜好、有一技之长、有孝心、体贴懂事、有绅士风度、不打人不骂人。

接着我们用同样的方式讨论了最不受欢迎的女生特点和最不受欢迎的男生特点。

第四步,选出"最不受欢迎的男生女生特点"。最后,讨论选出,"女生最不受欢迎特点":脾气不好、不爱干净、虚荣、懒惰、两面三刀、小气、不文静、自私、八卦、无才华。"男生最不受欢迎特点":暴力、懒惰、打游戏、无责任感、不诚信、拖拉、不修边幅、不宽容、自私、无才华。

大家自主讨论得出的标准,更容易落实到实际行动。

二、分析思考——SWOT分析法

接着,我们由整体走向个人,由外控指向内生:分析自我。这非常关键,我们运用了SWOT法进行分析。

我告诉学生："同学们，我们知道了心目中男神女神的标准，当然最为重要的是指向自己，我们需要冷静客观地分析自己。"我顿了顿，"这次我们用企业分析法，叫SWOT分析法。"

"啊，还用企业的分析法呀！"孩子一听，眼睛开始发亮。

有时候，我们需要有意识地给孩子们注入新鲜的血液，让孩子们感兴趣，这样，才能提高学生的参与度，增强活动的效能感。

我夸张地在黑板上书写"SWOT"几个字母，转过身，说："这本来是用于企业的战略研究和竞争分析，今天我们用在自身分析上。"

我继续说："S代表自己成为男神女神的优势。W代表自己现在身上有的弱点。O代表自己现在拥有的机会，T代表现在阻碍自己成为男神女神的困难。"孩子们怔怔地望着我，好像不是很明白。

"纸上得来终觉浅，绝知此事要躬行。所以请同学们按照这四个板块分析自己，好吗？"

孩子们分析自己很客观，小艺说："S：1.主动发现自己做得不够妥当的地方，并寻找原因，主动解决。2.有胆量，乐于与老师沟通与亲近。3.遇到问题善于分析。W：1.做事情喜欢拖拉，2.不会管理自己的时间。O：1.在班里，与学神学霸们关系很好，以他们为榜样。2.会主动请教老师，所以可以请老师帮助。T：1.不会控制自己的情绪，担心自己会受到影响。2.没有坚持的精神，怕自己中途放弃。"

每一个孩子都给自己做了一番客观冷静的分析。

三、过程规划——增值目标呈现

分析完自己的实际情况，接着是量体裁衣制定自我目标和执行策略。

我说："同学们，成为男神女神需要实现的路径，而这个路径实现的过程，就是我们增值的过程，所以，我们要给自己制作一张增值券。"一听说增值券，孩子们又开始活跃起来。

"增值券增加什么呢？增加颜值、修正个性、提升品质、增强能力、摆正心态、提高品位，这是男神女神都需要提升自我的方面。"孩子们不住地点头称是，"我们可以根据自己需要提升的类别，列出相应的内容、方法，和自己预计实现的日期，看自己是否能实现。"

说完，我在黑板上画了一个示范表格：

类别	内容	途径	实现日期	实现与否	原因	其他
颜值						
个性						
品质						
能力						
心态						
品位						

孩子们根据自己的实际情况分别制作自己的增值券。

四、集体修炼——男神女神发电站

从集体修炼的角度，我们提出了以下的增值方法：

1. 体型修炼——每日晨跑。我告诉孩子们，坚持锻炼才能真正保持体型。每天晨跑的时候，拍照记录，看最后哪些同学达到了要求。

2. 气质修炼——每日读书。读书能改变一个人的容颜，改变一个人的气质。所以，用坚持读书来升华自己的气质。

3. 性格修炼——每日练字。每天固定时间练习书法，让自己平心静气，养成从容平和的心态。

4. 仪态修炼——礼仪培训。我们对孩子进行了站姿、坐姿、走姿等基本姿势的培训，并把修炼落实到日常的细节中。

五、反思复盘——《青春修炼手册》

修炼的过程，需要复盘思考。所以，我们每个同学制作了属于自己的"青春修炼手册"。孩子们根据自己的喜好、个性、风格等设计私人特制封面。

有的孩子在封面上写着"珍惜青春，享受青春，让我们书写华美的乐章，青春是唱不完的歌"；有的孩子把自己喜欢的偶像照片贴上去；有的孩子做成贴画，色彩斑斓，扉页是自己喜欢的色彩和风格。

内容栏目：

1. 个人计划：包括每年计划、每月计划、每周计划、每日计划。

2. 每日特写：包括要事安排、今日得失、今日改进，今日心情评定、跟踪反馈。

3. 要事安排：包括要事内容、事情轻重划分、完成时间、是否完成。

4. 今日得失：自我总结、分析自己的得与失。

5. 今日反省：自我分析成功与失败的原因。

6. 今日改进：写出自我改进的方法和步骤。

7. 心态评定：给出心情关键词，对每个词语进行评分，2 分为最高分，并描绘曲线图，看自己的心态是否需要调整。

8. 跟踪评价：每个小组互相进行跟踪评价。每天同伴评价，周末家长评价。

《青春修炼手册》把复盘过程系列化、系统化，并且每日进行，有力地促进了学生的反思能力的提升。

六、升降反馈——跌价券，增值券，优惠券

一天复盘用《青春修炼手册》反馈，那么一周又如何反馈呢？

制作三色卡。每个人制作写有自己名字的绿、红、黄三色卡。三张卡片代表三种意义。

增值券用绿色，象征绿色通道。全班可以是同一起跑线，上面量身为自己规划了实现男神女神的目标、路径、预计时间和是否实现。

跌价券用黄色，代表自己的修炼过程有所倒退。孩子们根据自己的实际，自行制订。有的孩子写着："唉，增值计划失败了，我要对自己进行惩罚，一周不玩手机。"

优惠券用红色，代表自己的修炼有提升。红红火火，给自己一个小奖励，实现优惠。

按照学生座次，布置"每周流动站"。在教室墙壁上，同学们根据自己的周目标，自行贴上代表本周成果的颜色券。如果本周刚刚达到自己的目标，就贴绿色增值券。如果本周目标未达到，就贴上跌价券，以示黄牌警告。如果本周超额完成目标，就贴上优惠券。

七、氛围营造——班级墙壁文化

为了把本次的活动营造得更有氛围，我们特意把墙壁按照"男神、女神"活动的文化要求布置。

班级的黑板两边分别布置了男神女神的十个正面标准、十个负面警戒。

刚布置的时候，孩子们对布置栏目的题目兴趣盎然，大家七嘴八舌议论开来。"女神标准？""太普通了。""女神标？""不好听。"经过反复讨论，大家最后确定的题目是"女神范""男神范"。

墙壁布置的是：

每天展示栏——当日特色栏：选出"每日男神""每日女神"，同时，把当天男神女神作为班级榜样，公布在黑板上方。

每周展示栏——"每周男神女神流动站"：流动展示一周目标远远超出、目标达成、目标未达成的同学，贴着优惠券和增值券。此为周展示，此栏目布置在教室的后墙上，

每月展示栏——"男神女神晋级表"：公布的是孩子们的每月情况，每月进行一次晋级考核，评选出"月女神""月男神"，布置在教室的左墙壁。

榜样展示栏——"男神女神焦点坊"：把每周男神女神做得最优秀的一面展示在焦点坊里。孩子们利用课余时间可以参观学习。

墙壁上都是我们班级的"男神女神"活动展示，激励着班级的孩子们，时刻把自己修炼得更加精彩。

八、成果展示——青春修炼展示会

经过一段时间的修炼，我们准备进行"修炼成果"展示，让家长们看看自

己孩子的变化。这个才艺展示，全员参与，每一个孩子都拿出自己的拿手好戏，展示自己的变化和成长。所以，我们在家长会上做了一个"青春修炼男神女神展示会"。

每个同学准备一个节目，展示自己在修炼男神女神过程中的成长。大家都踊跃报名，有的报长跑；有的报魔方、跳绳、打乒乓球、打羽毛球；有的报书法、手工、画画、舞蹈、唱歌、朗诵、相声、小品；有的展示自己的办刊能力；有的展示自己的电脑技术。大家都各不相同。有的还要求展示几个项目，有的是和同学合作表演。

由于报名的空间很大，孩子们可以选择自己喜欢的和自己愿意做的项目，从而保护了孩子的积极性，点燃了他们参与的热情。

我们把场地搬到了操场上，家长和孩子们围成一个大圆圈。

长跑的同学，引来了全场的惊呼。展示的同学，在父母和同学的目光中，艰难地坚持了下来。旁边的同学像在参加运动会一般呐喊助威："加油，加油！"

跑完后，大家像迎接奥运冠军一样簇拥着展示者。获得冠军的曹琨谈了自己的感受："这次 1500 米跑步，现在想想，都是心惊胆战的。我觉得自己的毅力增强了，但是跑到最后一圈的时候，我几乎崩溃了。但是我不能，我的内心告诉我不能倒下，即使头昏眼花，也要保持清醒的目标，自己选择的路，再荒谬都要走完。"这就是最好的成长呀。

展示飞碟杯的同学，姿势飞速地翻转；展示跳绳的同学，个数不断翻升；展示小品的同学，自己编剧自己演，惹得全场开怀大笑；现场展示书法、绘画的同学，也静静地画着，惹得全场啧啧称赞。张剑的一曲拉丁舞，引爆了全场，引来了其他班上的同学驻足观看。

电子产品没办法在操场展示，孩子们在教室里展示了自己这段时间学习的下载技术，孩子说："这段时间的诗歌朗诵视频，同学们不会下的，都是我下的，没想到，我还真锻炼出来了，学会了这一门技术。"

一个什么也没有展示的同学说："我虽然没有什么可以展示的，但是每一次大家搞活动，我都主动为大家服务，帮助别人，快乐了自己，所以我觉得这也是我的成长。"孩子们快乐地展示着自己，家长们也自豪、惊讶地说：

"我从来没有看到自己的孩子这么能干，孩子真的在变化。"

我也趁热打铁，顺势引导大家："孩子们，真正的男神女神，应该有高雅的兴趣爱好，不俗的人生品位，不断提升自己的情趣爱好，我们才能不断接近心目中设定的男神目标和女神目标。"

一次阶段性展示对孩子来说也是一次成长。还有一个好处是，有意识地把孩子们的注意力吸引到培养自己的特长发展和自身成长上。

通过这次活动，孩子们周末由打游戏变成了打乒乓球、打羽毛球等，同时以前下课时谈论游戏，现在变成谈论掰手腕、玩魔方、看书等，孩子们的兴趣爱好更广泛了。

九、考核评价——逐层升级奖励

对于男神女神活动，我们还需要持续地进行评价。

首先，每天班级积分第一名的男生女生就是日男神女神，并以"日男神""日女神"命名当天的班级节。这里还有有趣的名字故事，罗新林，我们取名叫"心灵日"，胡开强，我们取名叫"不开腔日"，当天我们过"不开腔心灵日"。这样，有意识地对孩子们进行表扬，也树立了榜样，同时，还深入引导了班级集体氛围。

然后，每周积分优秀的同学，列入"周男神女神入围名单"，选出的同学，将上榜班级的"焦点坊"，同时发班级制作的特有奖状和班级喜报。

连续四周评选为"周男神""周女神"的同学评选为"月男神""月女神"，除了发奖状和喜报，还进行一次免做作业的优惠。

连续一学期评选为"月男神""月女神"，直接晋级为"期男神""期女神"，奖励直接免检，晋级为班级德育考核优秀。

因为有了常态男神女神修炼，我明显感觉到，同学们在思想上对自我要求更加严格，懂得自觉提升自己；在学习上，把学习变成了自己的事情，在体育上，懂得发展自己的各种能力素养。同学们对男神女神的理解已经由表层走向深层次，世界观、价值观的认识也更加深入全面。

根据理解，制定标准
角色互换，谈论决定
选取正面，十个标准   — 标准制定
选取反面，十个标准

SWOT 分析法 — 分析思考

增值目标，示范表格 — 过程规划

体型修炼，每日晨跑
气质修炼，每日读书
性格修炼，每日练字 — 集体修炼
仪态修炼，礼仪培训

封面设计
个人计划 — 青春修炼手册 — 反思复盘
每日特写

活动过程

升降反馈 — 三色卡片，各含寓意 / 布置墙面，每周张贴

氛围营造 — 每天展示，当日特色 / 每周展示，一周情况 / 每月展示，晋级情况 / 榜样展示，亮点聚焦

成果展示 — 阶段成果，操场展示

考核评价 — 每天评价，黑板表彰 / 一周评价，喜报奖状 / 每月评价，免做作业 / 一期评价，德育评优

思考碰撞

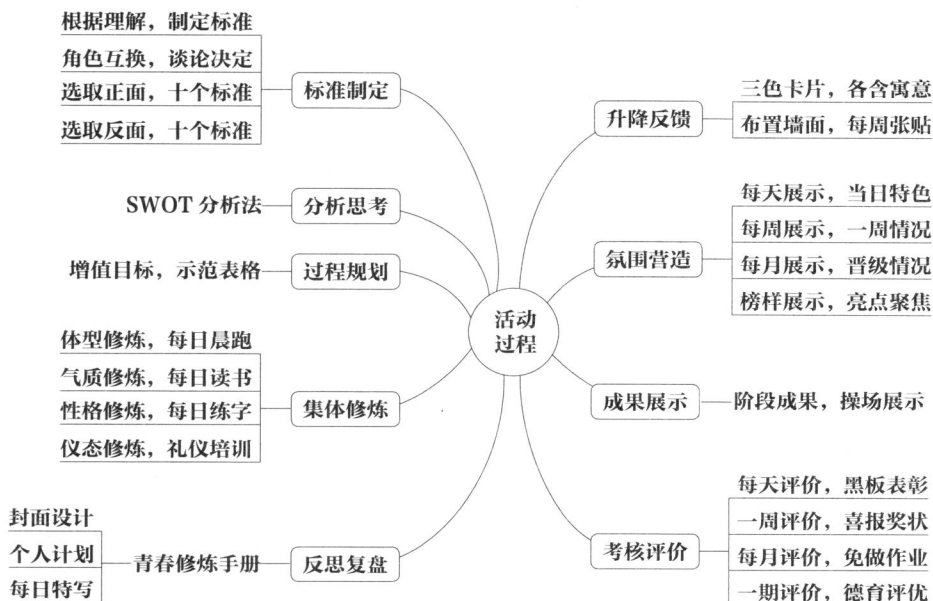

　　修炼之旅围绕"男神女神"主题,将"标准制定—分析思考—过程规划—集体修炼—反思复盘—升降反馈—氛围营造—成果展示—考核评价"整个过程有序地组合串联起来,并且以此活动为核心,带动一个班级的发展,成为学生成长的阶梯,最后促进了习惯的养成。

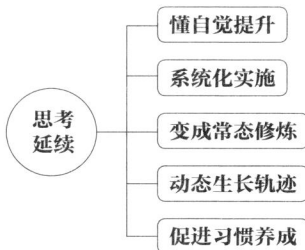

思考延续
- 懂自觉提升
- 系统化实施
- 变成常态修炼
- 动态生长轨迹
- 促进习惯养成

22. 爸妈的爱情
——爱情就是平凡点滴

活动案例

▲ 活动背景

青春期的孩子，总是对爱情充满了幻想和憧憬，可是一个没有经历世事尘埃的人，怎么会知道平平淡淡才是真的道理呢。最好的教育资源就是身边的人，孩子们离得最近的是自己的父母。所以，我思考着用父母的爱情故事给孩子们启迪。

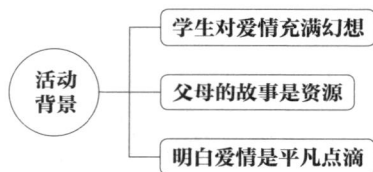

活动背景 —— 学生对爱情充满幻想
活动背景 —— 父母的故事是资源
活动背景 —— 明白爱情是平凡点滴

▲ 活动过程

一、情人节浪漫聊聊聊——点燃兴致

情人节这天，我在家长群里问："各位妈妈们，今天情人节，我们的爸爸们送礼物没有呢？"一石激情千层浪，顿时群里像炸开了锅一样。

有的快快地说："唉，没有。"

有的叹着气："我家那位从来不买礼物给我。"

"我家那位也是。"大家纷纷在群里吐槽。

"唉，就是啊，我家那位也是。说着都是一把泪啊。"我故意自嘲道。然后继续说："女人就是喜欢礼物，今天我布置一个作业，让爸爸们给妈妈们买礼物。晚上 8 点在群里晒礼物，孩子们当观众。大家看如何？"群里妈妈们欢呼雀跃，纷纷表示赞同。

二、浪漫情人节晒晒晒——润物无声

晚上 8 点的时候，大家纷纷开始晒礼物，红包、鲜花、衣服、项链，各不相同，隔着屏幕也能感受到幸福的弥漫。

更有趣的是，馨瑶爸爸正在和馨瑶妈妈游览教堂，馨瑶爸爸现场就地取材，把教堂的花马上送给她，深情地说："送给你。"

张鑫爸爸送给张鑫妈妈的花那更是别具一格，用家里的各种蔬菜做成了一束花。张鑫妈妈激动得马上给了张鑫爸爸一个热烈的回报：一本翻开的书，上面放着桃心枕头，象征着"甜甜蜜蜜幸福爱"。

还有更好玩的，周鑫爸爸送给周鑫妈妈一个猪头。全场欢呼，有的热烈鼓掌："不错，会过日子。"

周爸爸慢吞吞地发出消息："我老婆最爱吃猪头，同时我也希望我的老婆像猪一样吃得好，睡得香。"多么朴实而厚重的爱啊。

在这个美丽的情人节，孩子们默默观看着，感受着父母的爱情：平平淡淡，才是幸福的真谛！

三、做父母爱情微电影——深入感受

为了进一步让孩子们深刻地懂得父母的爱。

我继续让孩子们给父母做微电影。孩子们那可是煞费苦心。大家开始观察父母的点滴，收集父母的照片，刨根问底地询问父母的爱情故事。

大家饶有兴致地制作微电影，乐此不疲。

等制作完毕，我们在班会课上专门展示关于父母的微电影。大家都十分兴奋。简简单单的视频只有几十秒，却蕴含着不同的哲理。下面的同学认真地看着，仔细地听着。

曹锟站起来，笑得很灿烂，边放着微电影，边说："这是我爸爸年轻时候的样子，这是我妈妈年轻时，他们那时候很穷，他们互相扶持，一路走过来。能走过患难，共度平淡的日子才是真正的爱情。"下面的同学也津津有味地听着。

大家都沉浸在一片兴奋的海洋中。

明遥展示了父母的微电影，情不自禁地哭起来："我的爸爸出轨了，妈妈整天以泪洗面。"说着，孩子哽咽了，教室里的气氛顿时变得低沉，"后来，她遇到了现在的叔叔，叔叔不会说动听的话，却是个真诚善良的人，所以我妈妈的爱情让我明白：谈恋爱就是谈人品。"

秋平站上来，欲语泪先流："我的妈妈和我的爸爸，在结婚前彼此不够了解。最后，因为性格不合，离婚了。他们的爱情故事让我明白了：谈恋爱要找志趣相投、三观一致的人。"

柳红放着微电影，淡淡地说着父母的爱情故事："我的妈妈，经历了两次婚姻，她和爸爸在一起的时候，总是她付出得多，后来还是没能阻挡爸爸离开的脚步。妈妈遇到了一个叔叔，同样是妈妈不断付出，妈妈过得好累。我现在明白了：要想别人爱你，先要学会爱自己。"孩子说着说着，眼眶已经红了。

我的心口一直堵得慌，我不能为孩子改变什么，我只能深情地拥抱每一个受伤的孩子，告诉他们："孩子，我们不能改变父母的生活，我们只能好好地做好自己。"可当我说出这样的话时，却发现自己的话显得那么苍白无力……

四、悟父母的爱情故事——理性提升

孩子们开始写父母的爱情故事，此时，因为经过几轮的思考，他们对爱的理解慢慢变得理性。

馨瑶说："父母之间的爱是酒，虽然经过岁月的冲刷，但却没有变质。不是表现在物质上，而是生活之中那些点点滴滴的琐事；不是表现在一些甜言蜜语上，而是那不经意之间的关心与体贴。"

诗怡说："原来爱就是两个人在一起吃吃饭，散散步，聊聊家常。这就是最简单的爱，也是最深邃的爱……"

有的同学表达："爱情不是幻想出来的，而是生活中平凡的点点滴滴。谈恋爱先要看人品、性格。"

有的同学表达："相爱容易，但还需互相成长，彼此成全。"

还有的说："在爱情来临之前，要学会爱自己，经营好自己才能经营好爱情。我们无法参与父母的爱情，但是我们需要做好自己。"

作为老师的我，还需要提升孩子们的认识："同学们，幸福的家庭都是一样的，不幸的家庭却是不同的。通过父母的爱情，我们感受到爱情需要经历烟火的气息。有的同学感受到了爸爸和妈妈相爱。对，只有相爱的人才能走到一起。但真正的生活不仅仅是相爱，还是一点一滴的平淡组成的。细水长流的爱情才能更加长远。

"你们现在的爱是幻想出来的，真正的爱就是生活，是油盐酱醋茶，是相濡以沫，互相关心，互相扶持。班上同学对爱情是好奇也好，幻想也罢，那不叫爱。真正的爱是一切生活平淡的细节组成的。在平淡的细节中，我们要学会自己爱自己，这次活动让我们更加明白了爱情的真谛：当爱蹚过平凡岁月的河流，才发现爱要平平淡淡才是真！"

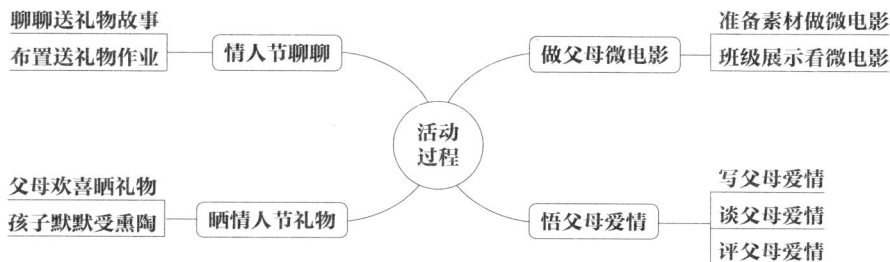

聊聊送礼物故事
布置送礼物作业 —— 情人节聊聊
准备素材做微电影
班级展示看微电影 —— 做父母微电影

活动过程

父母欢喜晒礼物
孩子默默受熏陶 —— 晒情人节礼物
写父母爱情
谈父母爱情
评父母爱情 —— 悟父母爱情

　　这个活动，我本来的意图是通过身边父母的爱情故事，让更多的同学明白：婚姻并不像爱情那样，永远充满激情与憧憬，真正的爱情是柴米油盐，充满生活的气息。再浪漫的爱情终归会落于地面，被时间消磨，真正的爱就是要经营，彼此理解，平淡是真。

　　可是，在实践的过程中，引发了我更多的思考：首先，父母的关系才是最好的教科书，父母的行为，影响着孩子的爱情观。父母婚姻幸福，孩子体验到爱和相伴的真谛；父母不和，孩子相对缺乏安全感。孩子在耳濡目染中学会了如何与异性打交道。同时，面对特殊家庭（单亲、离异等家庭）我们应该如何引导爱情观？我会告诉孩子们接受客观事实，正确认识自我，父母的问题不是我的问题，我和其他同学是一样的。同时，我们需要引导孩子，把绊脚石变成垫脚石，正视困难，接纳现实，汲取教训，用一切不如意垫高我们的视野，为自己奋斗努力！

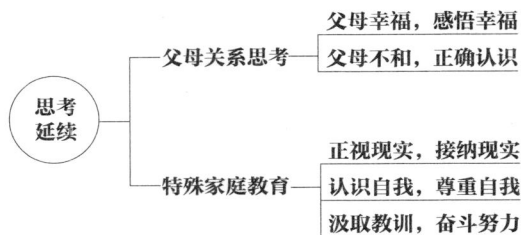

```
                              ┌─ 父母幸福，感悟幸福
              ┌─ 父母关系思考 ┤
              │               └─ 父母不和，正确认识
   思考       │
   延续       │               ┌─ 正视现实，接纳现实
              └─ 特殊家庭教育 ┼─ 认识自我，尊重自我
                              └─ 汲取教训，奋斗努力
```

23. 老师的爱情
——让成长春暖花开

活动案例

▲ 活动背景

青春期的孩子，对爱情是向往的，但也是不切合实际的，如何让孩子树立正确的爱情观，如何教会他们真正的爱情是什么？我们从了解身边老师的爱情故事开始。

▲ 活动过程

一、前期准备——设计问卷调查

第一步，分配任务。我要求孩子们分组分配任务。如：林夕组负责采访数学教师，静默组负责采访德育校长，奋斗组采访……

分配好任务后，大家热火朝天地开始干起来。可是，从没有做过问卷调查的孩子，第一次问卷，就碰了一鼻子灰：大家设计了一大段问答题，老师们一看，头都大了。有的孩子直接把问题丢给老师：老师，你填一下，好吗？还有的同学问了老师不该问的隐私，老师说："你不懂。这是秘密。"

第二步，学会采访技巧。我引导孩子们冷静思考：为什么老师们不愿意接受你？

首先，态度上，怎么做，才能让老师接受；其次，内容上，我们设计什么样的问题，才不会让老师感觉到尴尬；最后，我们的目的是什么，我们到底想收获什么。这些都要思考。

第三步，反复修改问卷。经过周密地思考，孩子们再次进行设计、修改，问卷调查完善、成熟后，再进行问卷调查。

这一次，孩子们顺利得多。收好问卷后，我总结了孩子们想了解的问题：

一、想了解老师的恋爱故事。二、想知道我们中学生该不该谈恋爱。三、对爱情问题处于迷茫又好奇又想尝试的阶段，该怎么处理。

于是根据孩子们的问题，我进行了一堂班会的设计。

二、汲取精华——分享爱情访谈录

经过一周的采访准备。周一的班会课，我们分享了孩子们的采访感受。孩子们一提起老师的爱情故事，神采奕奕，都迫切想上台分享。

祥辉说："我这次终于知道吴老师的恋爱故事了，那个时候，罗老师追吴老师，是从吃面条开始的。"全班顿时哈哈大笑起来。

子涵说："我访问的是我们的地理老师，地理老师说，他们结婚二十几年了，当初是被她老公的才气吸引了。"

厚勇说："政治老师有一句话，给我留下了深刻的印象：爱情是一种责任，一种担当，久了，就变成了血浓于水的亲情。"

诗怡说："我印象最深刻的是，历史老师说，看上一个人，首先看他的人品，然后是才华。"

小艺说："我们去采访的是校长。看到平时不苟言笑的校长也有可爱的一面，谈到自己的爱人，眼神一下就温柔起来。而且他和我们谈了中学生不适合谈恋爱的原因。他说真正的爱情不是轰轰烈烈的，而是平凡的细节组成的。"

孩子们兴致盎然地讲着老师的爱情故事，分享着自己的收获，整个教室里洋溢着快活的气氛。

三、深化认识——答记者问

接着，孩子们想将自己的疑惑，现场问问老师。每个孩子都是记者，我充当了被采访人。

孩子们问："老师，你平时和你的爱人怎么过的？"我微笑着，想了想："我们做得最多的，就是一起在家里吃饭，一起散步，这就是我们表达爱最好的方式。"

"老师，我们想更多的了解。"孩子们打破砂锅问到底。

"同学们，其实老师的爱情和你们父母的是一样的，我们嫁给的不是一个人，而是一群人。"于是我和孩子们分享着生活的细节。

我继续引导："同学们，爱情里更多的是要学会相处，学会爱。"孩子们兴致勃勃地听着。

"我要和他的家人相处好，才能更好地爱。"我顿了顿，"比如，我和我婆婆关系特别好。平时，我们要懂得欣赏老人的付出。我婆婆特别爱给我儿子买衣服。我会说，奶奶买衣服特别耐穿、耐脏、实惠。"孩子们侧目、微笑、默默赞叹。

"当然，最为重要的是，我不仅赞叹，还会用行动表示。老人家买的衣服，我要花更多的钱，去买搭配这件衣服的裤子或者鞋子。比如，上次，婆婆给儿子买了一件西装，我可是走街串巷，买了一条西裤和一双皮鞋来搭配。"

"所以，爱情不仅仅是两个人的卿卿我我，更多的是学会过平淡的日子。"我冷静地说。孩子们也偏着头，若有所思。

这时，校长正好从教室门口经过。我急中生智，"孩子们，正好，我们可以采访一下德育校长。"孩子们欢欣鼓舞，热烈鼓起掌来。

校长也笑呵呵地说："好吧，同学们，你们提问吧。"

有涛站起来，问："请问校长，您是如何看待我们学生时代的早恋的呢？"

校长不紧不慢，从容不迫地说："同学们，你们这个年龄所谓的恋爱，就像涨潮前留在沙滩上的脚印，以为留下了印记，可海风一吹，就不见了。"

"请问，您觉得我们中学生该不该谈恋爱呢？"诗怡也站起来，彬彬有礼地问。

"现在，大家的生理和心理，都还没有发育成熟。因为年龄、身体发育的原因，对异性有好感是正常的，但是，却会耽搁更为重要的东西，所以，我们要做的是，认清现在该做什么，不该做什么。"

现场的答记者问，深化了孩子们的认识，解决了孩子们更多的疑问。

四、升华人生——故事引导

为了进一步深化对爱情的认识，我给孩子们讲了苏格拉底与柏拉图有关爱情的故事。

"有一天，柏拉图问老师苏格拉底：什么是爱情？苏格拉底让他到树林走一次，要不回头地走，在途中摘一朵最美的花，但只可以摘一次。柏拉图觉得很容易，充满信心地出去，谁知，过了半天他仍没有回来，最后，他垂头丧气地出现在老师跟前诉说空手而回的原因：难得看见一朵看似不错的，却不知是不是最好的，因为只可以摘一次，不得已，只好放弃，再看看有没有更好的，已经走到尽头时，才发觉手上一朵花也没有。"孩子们安静地听着。我压低了声音，一边说一边在黑板上写下"爱情是一种理想，而且很容易错过"。孩子们似懂非懂地看着我。我没有解释，无须解释。有些问题需要交给时间。

接着，我继续讲故事。

"苏格拉底50岁，看上去至少有60岁。然而，一个18岁的姑娘却疯狂地爱上了他，并且最终成了他的妻子。"班上有同学在窃笑。

"柏拉图问苏格拉底：'老师，你是用什么方法把小姑娘追到手的？'苏格拉底老老实实地说：'我实在没有工夫研究这个问题，我只是专心致志地做自己的事。'"班上开始哗然。

"柏拉图不相信，继续穷追不舍：'这么漂亮的姑娘，你不追她，她怎么会爱上你呢？'苏格拉底抬头望望天空，说：'请看看天上的月亮吧，你愈是拼命地追她，她愈是不让你追上；而当你一心一意地赶自己的路的时候，她却会紧紧地跟着你。'"

此时，教室里安静了。

我郑重其事地说："同学们，我们都在渴望爱情，可是与其去渴望，不如一心一意做好自己的事情，在合适的时间，自然有一段爱情在等着你们！所以，在爱别人之前，先学会自爱。"

五、方法指引——爱别人先学会自爱

接着我和孩子们一起讨论了"爱别人先学会自爱"，最后大家总结出"爱自己指南"：

1. 心要静下来，心定了才能找到自己。

2. 学会关照自己的内心，知道自己想要的是什么。

3. 学会管理自己的情绪，做情绪的主人。

4. 保持健康的身体。身体是第一位。

5. 不和任何人计较，不和过去的自己计较。

6. 赞美自己，做自己的知己。

7. 随时保持正能量。

8. 为自己的未来而努力。

9. 培养对生活的兴趣。

10. 不沉溺于虚幻的感情中。

由老师的爱情故事引发的青春期教育活动，再一次加深了同学们对爱情的理解，对成熟的爱情有了更深刻的理解，懂得在等待爱情的时候，先学会自爱，学会修炼好自己。

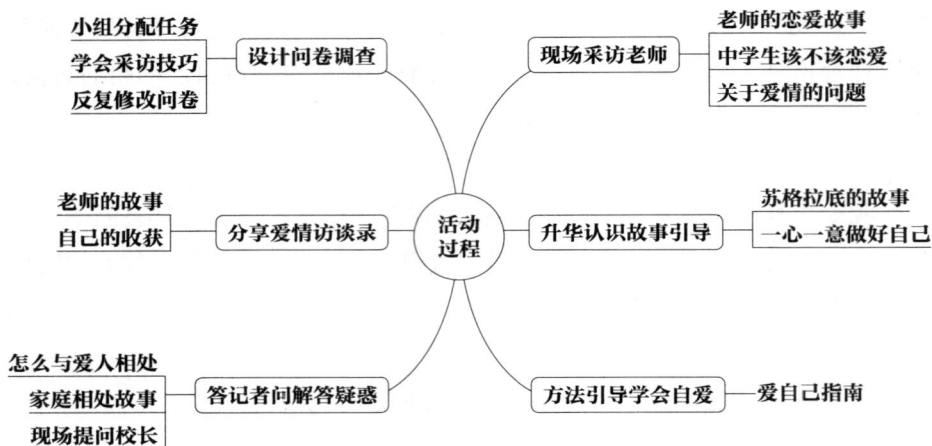

小组分配任务
学会采访技巧
反复修改问卷 —— 设计问卷调查 —— **活动过程** —— 现场采访老师 —— 老师的恋爱故事 / 中学生该不该恋爱 / 关于爱情的问题

老师的故事
自己的收获 —— 分享爱情访谈录 —— 升华认识故事引导 —— 苏格拉底的故事 / 一心一意做好自己

怎么与爱人相处
家庭相处故事
现场提问校长 —— 答记者问解答疑惑 —— 方法引导学会自爱 —— 爱自己指南

思考碰撞

　　青春期教育怎么做？其一，充分整合资源。大家有没有这样的经验？有时候同一句话，换种说法，换个人说，效果就不一样。所以，我们要充分整合身边的资源，科任老师、朋友、领导都可以帮助我们一起教育孩子。其二，把被动变主动。与其传授灌输，不如换个身份，让学生主动去探究，主动去了解，这样更能激发内在活力。其三，深化认识引导。一个人的认知和思维，是在不断思考，不断深化中变得成熟完善的，所以，青春期教育还是少不了提升引导。

思考延续 —— **青春期教育怎么做** —— 充分整合资源 / 变被动为主动 / 深化认识引导

24. 青春期性教育
——真爱需要等待

▲ 活动背景

中学时期，青少年的心理还不够成熟，还没有形成稳固的性道德观和恋爱观，加上自我控制力不强，很容易受到外界因素的影响。现实生活中，五花八门的性信息，不良的影视镜头等，使个别同学的性意识受到错误的强化，而沉醉于谈情说爱之中，甚至发生性行为，严重影响青少年身心健康。

我们专门在七夕这个特殊的节日给孩子们上了一堂青春期性教育课。

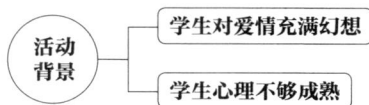

```
活动     ── 学生对爱情充满幻想
背景
        ── 学生心理不够成熟
```

▲ 活动过程

一、预热——说说早恋有哪些危害

早上，我在群里和家长们一起探讨："各位亲，我在思考，面对性教育，我们家长难以启齿，平时学校也不好公开，但是，这个问题我们不说就能绕开吗？肯定绕不开，毕竟'饮食男女，食色，性也'，意思是食欲和性欲都是人的本性。如果没有确切的指导，孩子们处理不好这件事，有的孩子不懂，最后成为终生遗憾。如果大家愿意，我可以在群里给孩子们上一堂课：为什么真爱需要等待？讲解婚前性行为的危机。"

群里顿时热闹了，家长们纷纷表示赞同。"既然如此，那么我们说做就做，就在七夕的晚上，我们一起期待。"

于是发出讲课海报，通知同学们，一起都在紧张的准备中。

七夕晚上，孩子们已经在群里沸腾。

"今晚七夕不一样啊。"有同学感慨。

"今天是中国情人节哟！"又有同学感慨。

"今天我们就谈一个敏感话题。"我开始说话。

"为什么我们社会、学校、家庭都要反对早恋？"我提出问题。"怕影响学习。""容易导致时间精力分配不合理。""对身心都不好。""影响成长和未来。"孩子们纷纷各抒己见。

我总结道："同学们说到一些，其实还有一些，总结起来有以下10点。"

1. 对学习的影响巨大。整天沉溺早恋，影响学习成绩。

2. 影响风气。谈恋爱导致有人跟风，严重影响班风学风。

3. 导致边缘化。两个人沉浸在二人世界，自然与外界隔绝。

4. 浪费时间。谈恋爱花时间多，自然其他时间就变少。

5. 导致部分男生女生犯罪。在校学生打架或者犯罪，有些就是因为早恋引发的。

6. 导致离家出走。有的孩子美其名曰"私奔"，给家人造成很大的伤害。

7. 导致自己颓废。有的孩子沉浸在恋爱中，无法自拔，有的孩子因为失恋而一蹶不振。

8. 亲子关系紧张。因为父母反对，会影响亲子关系。

9. 导致逆反心理。恋爱中的人爱情最大，所以容易叛逆。

10. 有越轨行为。有的孩子自控力不强，严重影响身心。

孩子们连连点头称是。我继续说："恋爱时如果冲动了，有可能会遗憾终身，如果恋爱中，把握不了自己，铸成大错，造成的伤害永远都无法估计。所以，拒绝婚前性行为，真爱是需要等待的。"

二、观察——看看身边的故事案例

为了让孩子们能真正明白真爱为什么需要等待，我先出示一个视频。

视频的内容是：一个 15 岁的三好学生，因为早恋导致怀孕，小爸爸也仅仅只有 15 岁，后来男生家里不愿意承担责任，导致闹得很尴尬。

看完视频，我问孩子们："看完这个视频，你们有什么感想？"

"我觉得两个孩子自己有错，早恋变成了网恋，女孩失踪半年，最后女孩还怀孕了。缺少父母管和性教育，毁了两个家庭。"

"对于女孩子来说，这种事情对她是一辈子的阴影。""他们还可能回去读书吗？"

"我想别人会用异样的眼光看他吧。"孩子们讨论着。看完这个视频，接着，我出示了一则网络新闻：2019 年 4 月 9 日，一少男少女早恋并偷食禁果，导致女孩怀孕，16 岁的男孩看到检查结果发蒙，并与女孩家长发生激烈的冲突，随后，男孩跳楼自杀了。我出示了一张触目惊心的"跳楼现场照"。

"他们都没有想清楚后果。""心智太不成熟了。""生命不可承受之重。"孩子们继续感叹道。

我总结道："一失足成千古恨。如果真的像他们那样一时冲动，最后，会导致诸多问题。"

我马上在群里发出一段文字：

1. 一个很敏感的问题：社会压力。中国是一个传统的社会，别人说三道四，影响一辈子。

2. 一个很现实的问题：经济压力。辍学回家后，养活自己都困难，还能承担一个家？

3. 一个很具体的问题：前途压力。出现这样的事情，可能会发生辍学、转学等问题。

4. 一个很担忧的问题：付出感情和心灵上的代价。万一有一天感情破裂了，心灵上会有很大的伤害。

5.一个很严重的问题：对感情不再乐观，影响以后看待感情的世界观和价值观。

三、警醒——想想不等待的严重后果

为了让大家明白这种事的严重后果，我继续深化，把这件事讲透彻。

我说："同学们，这里有两个孩子的咨询信，说的就是自己一时冲动，发生了婚前性行为后的苦恼。"我把两封信展示出来。

一个孩子的信：

> 我爱他，他说他爱我，可当我们发生一切后，他就开始用各种话辱骂我，然后离开了我。我写这封信的原因是：我怕别人看不起我。我真的需要帮助，我有这种感觉：没有人在意我，无论我做什么，我也不能让任何人快乐。如果不麻烦的话，你能给我回信，告诉我该怎么办吗？我会很感激的。

另一个孩子的信：

> 我写信的原因是，我很孤独，也很困惑，我的男朋友一直要我和他发生性行为。我和他发生了性行为，以为是自己欠他的。可后来我发现自己怀孕后，他火了，要我去流产，还说这都是我的错。为了不让他父母头疼，为了留住他，我流产了，他却无情地离开我了。我以后还会幸福吗？你能给我回信吗？我很困惑。

我问大家："从这两封信里你们读到了什么？"

"好可怜。""迷茫。""无助。""彷徨。"

"我想告诉女生：千万不要相信，失身于一个男人，他就会对你负责。越是容易得到的东西，越不懂得珍惜。没有婚姻的一纸文书，责任都是口头上的。"

我继续说，"我想问男生：你能不能承担所有的责任？"孩子们纷纷表示赞同。

我接着说："婚前性行为会导致哪些严重后果呢？

"第一，不负责的危险。婚前性行为，意味着没有一生承诺，没有法律保护，将双方置于不负责的危险境地中，是没有安全感的。"我停了停，"当我们被诱惑俘虏的时候，以为终于得到了。事实恰恰是我们输了。输了爱情的纯洁美好，也输掉了再次进入感情的信心，还输掉了责任心。

"第二，更容易导致双方分手。没有责任感的爱情，就像快餐一样，吃完就扔掉。一旦发生了婚前性行为，爱情的新鲜感一过，时间长了，自然就心生厌倦，争吵是不可避免的。"

孩子们连连点头表示赞同。我继续说："爱情是有保质期的，就像你厌倦一部手机一样，刚开始很喜欢某部手机，时间长了，就没有任何感觉了，爱情也是如此。只有加入了责任感，才能让感觉持续保鲜。稳定的婚姻应该以责任感为基础，然后才是彼此的感觉。责任感意味着稳定而长久，责任感是前提，如果没有这个前提，那么，最终的结果不会很幸福。"

下面这一条我是针对男生说的："第三，导致婚姻不幸福。一个人在结婚前，就把自己掏空了，你觉得后果会是什么呢？就像一辆破车，摇摇晃晃地开进婚姻，然后，不久就抛锚了。有的男生婚前把自己身体掏空，婚后身体健康不行了，导致婚姻危机四伏。所以，保护好自己的身体很是重要。"

对男生说完，我又发出一条针对女生的问题："第四，导致女生流产。发生婚前性行为，怕父母、老师知道。怀孕了，更是如此，会使身体受到很大损伤。"

这一条我出示得很慎重："第五，容易染上性病、艾滋病。大家不要觉得'世界险恶，不关我事'，不要以为艾滋病只存在新闻里、网络上，和自己遥不可及，其实就在身边。"

接着，我出示了一组数据：湖南省8年间艾滋病感染人数上升了37倍。江苏省从2011年到2015年，15岁到24岁青少年艾滋病感染人数翻了一倍。上海市2015年青年学生感染者较2014年上升31.4%。"

"想不到有那么严重的后果。"孩子们有些诧异。

"所以，同学们，保护自己，有自律精神，真爱是需要等待的，杜绝高危性行为。"

四、剖析——说一说为什么有些青年人不能等待

明白了严重的后果，还需要明白原因。

接着我和孩子们讨论了青少年不能等待的原因：

1. 心智脆弱。青少年是成人的身体，孩子的心理。身体成熟了，但是心理不成熟。

2. 酒精。减弱人的防御力。

3. 环境因素。近朱者赤，近墨者黑。

4. 错误的观念。以为发生性关系是证明你对我的爱。

5. 网络、影视等媒体的宣传，导致了对爱情有错误的认识。

6. 安全性行为的误导。没有什么安全的性行为，在双方感情、事业、能力、经济基础、性格、三观等都成熟的情况下发生的，才是安全的成熟的。

孩子们这才恍然大悟，纷纷表示赞同。

五、解决——如何做到等待真爱

明白了问题，现在关键的是方法。

有同学也开始问："老师，我们应该怎么做呢？"

"我们在自己有冲动的时候，可以扪心自问这几个方面。"我马上出示了"九大自问"：

1. 你们达到法定年龄了吗？

2. 你了解他的为人、性格吗？他就是你这辈子认定的人吗？

3. 如果万一被发现，你能承担所有社会舆论吗？

4. 你是因为好奇而发生性行为吗？

5.你是为了留住他（她）才发生性行为吗？

6.你知道有哪些避孕方法吗？这些避孕方法的可靠性有多少？你知道吗？

7.你会使用避孕套吗？

8.你知道 HIV 和 AIDS 吗？

9.如果女友怀孕，你能承担所有舆论吗？你能对她一辈子负责吗？如果会被学校开除，你能承受吗？如果这个孩子生下来，你能承担责任吗？你有养一家人的实力了吗？

孩子们此时静默了。我接着说："同学们，下面是十个'修身指南'。"

1.学会成熟。一个人成熟的标准是：知道哪些能做，哪些不能做。

2.学会自律。学会控制自己的欲望，而不是做欲望的奴隶。我们要学会转化自己的性能量，把性能量用于自己的学业和事业。

3.正确交友。交良师益友，交友不慎毁一生。有的时候相互影响的力量不容忽视。

4.不摄酒精。酒精会影响一个人的头脑，所以不要去摄入。

5.远离不健康的网络信息，不要掉进陷阱。

6.和异性有理智有距离地交往。与异性交往要保持距离。

7.避开不该去的场所。不去 KTV、酒吧这些场所。

8.避免手淫和性的妄想。多参加体育运动，大量出汗是调节的好办法。

9.洁身自好爱自己，宁可失去一段感情，也不愿活在悔恨中，活在疾病的威胁里。

10.做一个立约卡：真爱需要等待，拒绝婚前性行为。

最后我发出号召：愿我们都珍爱生命，珍惜自己并且尊重他人，为我们的生命和青春负责！

群里七夕节讨论
早恋十大危害 —— 早恋危害

出示视频
网络新闻 —— 观察案例
身边故事

两封咨询信
婚前性行为后果 —— 警醒后果

活动过程

剖析原因 —— 心智脆弱 / 酒精影响 / 错误观念 / 环境因素 / 网络媒体 / 行为误导

解决问题 —— 九大自问

思考碰撞

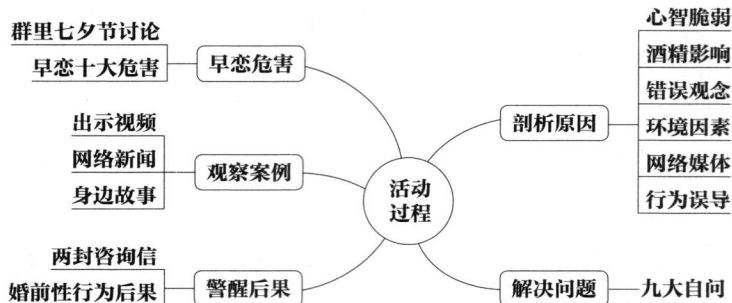

由于传统道德观念的影响,很多家长和教师对性教育这块是"欲说还休",可是我们逃避,孩子就"无师自通"了吗?没有性教育不等于没有"性侵害"。所以,与其羞于启齿,不如大大方方谈性教育。结合《为什么真爱需要等待》一书的学习,以及搜集整理了一些网络资料后,我开展了本次活动。当然,从学校教育角度来说,最好是能够系统性地以课程的形式开展性教育,从小学开始,一直到大学,阶梯式地实施。从家庭教育角度来说,家长不回避,不遮掩,还可以用绘本资源、视频资源开展性教育,性教育不仅仅是知识的传授,更多的是人格的塑造。教会孩子自我保护,自我悦纳,做一个有责任、有担当、懂自控的人。

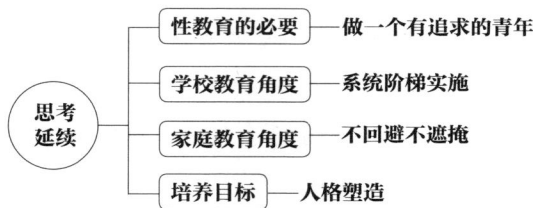

思考延续

性教育的必要 —— 做一个有追求的青年
学校教育角度 —— 系统阶梯实施
家庭教育角度 —— 不回避不遮掩
培养目标 —— 人格塑造

第六章

班级活动：活力就在活动中

25. 感恩表达
——花样表白大轰炸

▲ 活动背景

感恩教育是中学德育教育中一个重要的方面，可是现在，有的学生亲人之情漠视，师生之情淡薄，社会责任缺失。学校有必要利用教育契机，进行感恩教育。那么，如何教会学生懂得表达感恩，并且能够用有趣的方式表达呢？

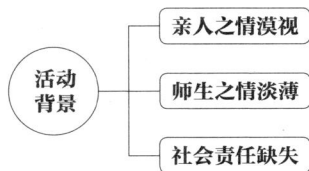

```
          ┌─ 亲人之情漠视
  活动 ────┼─ 师生之情淡薄
  背景     └─ 社会责任缺失
```

▲ 活动过程

一、"土味情话"节节高——表达爱

这件事，源于我们班给每个同学定制了一个杯子。同时，我们也给每一个科任老师定制了一个。可是这个杯子，我们如何送出去呢？

我说："同学们，每次送礼物，都是简单地送给老师，好像不够有新意。

我们为什么不把送礼物送得有新意呢？表达我们对老师的感恩和喜欢。"

春雷脑门一拍："老师，您看这盒子上有处空白，我们可以给老师写'土味情话'吗？"同学们纷纷表示赞同。对啊，中国人总是喜欢含蓄地表达爱，我们为什么不引导孩子直白地表达爱呢？这也是表达感恩的一种方式啊！

说做就做，全班开始书写土味情话。可是，等我收上来一看，天啦，简直大跌眼镜：有的同学用作业本随便写，有的是网络用语，有的是花言巧语。这样的情话送出去，有意思吗？

于是，我进一步引导："同学们，我们送出去一件东西，不精致，你说对方会是什么感觉？"

"没有感觉！"孩子们回答道。

"所以，我们既然要送'土味情话'，那么制作的'土味情话'，先要从外表吸引人，再从内涵打动人。"孩子们连连称是。

"那么，什么样的'土味情话'能打动人？"我进一步引导。"要真诚。""要符合身份。""抓细小的事。"大家开始议论纷纷。

"还可以用'时间＋地点＋事件＋表扬'的方式进行。"我进一步地引导孩子们提升"土味情话"的质量。

经过这一引导，孩子们的"土味情话"，变得更加体贴动人，简直是为每个老师量身定制的。

同时，孩子们注重了外形的塑造。有的把"土味情话"做成了壁虎的样子；有的镶嵌着花边，注重了色彩的搭配；有的做成信封；有的做成书包。真是千姿百态，各有千秋。

二、"设计寓意"大比拼——现场展示

因为有了书写"土味情话"的不断升级，孩子们觉得：除了"情话"要打动人，礼物的外在也要吸引人。所以，他们自发地开始制作礼物盒，不用买来的盒子，而是制作"个性礼品盒"，这样送出去的礼物更有意义。

这一次，大家的设计简直脑洞大开。有的设计成皮包；有的设计成一个书包；有的设计成月光宝盒；有的设计成"盒中盒"；有的设计成花篮；有的设计成"诏书"。为了做个性礼盒，大家是费尽了心思。

看着大家设计的盒子精彩纷呈，有同学提议："老师，既然大家做的盒子那么用心，相信大家是思考了这样做的原因和寓意。我们好想听一听大家的分享哟！"其他同学也跟着"起哄"。

于是，我们临时来了一个"设计寓意大比拼"，看哪一个学科，制作的盒子寓意更深刻。

说干就干，课代表们铆足了劲，大家八仙过海，各显神通。

地理科代表说："我们设计的是粉色盒子，祝福老师永远拥有少女心，开开心心，幸福得冒出粉红泡泡。我还专门制作了一大堆泡泡呢。"

音乐科代表说："我们送出的是千纸鹤，希望老师带着我们在音乐的蓝天下遨游。"

历史科代表说："我们设计的盒子上面是一条路，寓意历史老师带着我们回首历史的道路，更加稳健地，走在未来的大道上。"

无心插柳柳成荫，"设计寓意大比拼"，把本次表达感恩的意义更加深刻化。

三、"送礼方式"大精彩——脑洞大开

既然注重了送礼的设计寓意，那么，还需要注重送出去的方式，给老师们惊喜，给老师们快乐，把感恩送到心坎上。

我开始启发孩子们，送感恩要送出惊喜，送出感动，送到心灵深处。

"没有问题，老师您等着看我们的精彩！"孩子们开始打包票。

感恩教育要唤醒孩子们内在的情感，这样的感恩，才能真正温暖别人，快乐自己。果然，"送礼方式"让我感受到了脑洞大开。

第一种，"冰火两重天"。

上课铃声已响。教室里，孩子们把我堵在了门外，中霖怕秘密泄露，居然还用作业本把教室门上的小窗堵住。一切都显得神秘而莫测。

我站在门外，故意装作很镇定，可内心却剧烈跳动。这群小可爱，到底会给我什么样的惊喜呢？

门开了。科代表有些不好意思地说："老师，我们还没有准备好。"一听这话，我的心顿时掉进冰窟窿。教室里的其他孩子，有的抖着腿，有的把手捏得紧紧的，我怎么感觉气氛不对啊。瞬间，孩子们扑哧一声，笑出声来。

我有些诧异："你们笑什么？"

孩子们这才笑着说："老师，我们早就准备好了，刚才是跟你开玩笑的。这叫'冰火两重天'，老师惊喜吗？"

"简直是'惊吓'啊！"我恍然大悟。孩子们这才拿出他们的"土味情话"，大方地说："老师，我们送给你的，这才是大大的惊喜！"顿时，我被孩子们好玩的送礼方式感动了，融化了，沉浸在浓浓的温暖中。

第二种，抽签惊喜式。

美术老师来了，孩子们走上讲台，端出一个盘子，盘子里有好几张纸条。俏皮的瑞琴，亲昵地对美术老师说："老师，你抽一个。"

美术老师有些迟疑，最后，还是欣然抽出一张纸条："手环！"美术老师顺口念出。全班欢呼。

这时候，另外一位同学顺势变魔法似的拿出一个"手工手环"，认真仔细地给美术老师戴上。美术老师这才明白过来，喜滋滋地欣赏着手上的纸质手环，像欣赏一副黄金手环一般。孩子们簇拥着老师，央求老师继续抽。"哇，这一次是头环。"孩子们立刻争着帮老师戴上了纸质头环，像戴着钻石皇冠一般。

最后，抽出了"土味情话"几个大字，孩子们这才把准备好的"土味情话"呈上台。此时，美术老师，完全被孩子们这样新颖别致的送礼方式感动了。

第三种，寻宝闯关式。

历史老师走进教室。问好起立后，科代表走上去，狡黠地说："老师，今天，您跟着我的这个路线去找，您会找到一件宝贝！"历史老师一时摸不着头脑，也不知这群孩子葫芦里到底卖的什么药，但还是循着历史科代表设计的路线，一路翻看，开启了寻宝之旅。

只见他把讲台、桌子，上上下下，左左右右，都看了个遍。终于，在讲台上的书盒里，翻到了宝贝——孩子们量身定制的"土味情话"。一个大男人，却被一群小孩别致的游戏，打动了。只见他翻看着一句句"情话"，脸上溢满了笑容……

第四种，黑板表白式。

我们的数学老师是一个严肃的、不善表达的男老师。数学课，怎么表白呢？只见孩子们在黑板上，赫然写着："我给你一个杯子，爱你一辈子"。教室的讲台上直接放着送给老师的杯子和"土味情话"。

上课铃声响起，孩子们装作镇定自若的样子。等数学老师到教室后，科代表直接提醒老师："老师除了看礼物，请看您的背后。"数学老师看看孩子们，故意瞪了大家一眼，然后转过身，瞧见黑板上的"表白"，顿时，变得不知所措，然后惊讶地脱口而出："哎呦！"嘴角已经露出一丝不易察觉的幸福的微笑。

既而，老师高声说："好了，我们上课。"好像什么也没有发生一般。可是，整节课，他都一直舍不得擦去黑板上那几个歪歪扭扭的大字。

第五种，横幅表达式。

政治老师进教室后，正准备像往常一样上课。突然，科代表神秘地说："老师，你转过去。"老师有些诧异，懵懂地转过身。"老师，你再转过来。"孩子们齐声说。

当老师转过来的一刹那，哇，第一排的每一个人拿着一个字，上面写着："老师，我们爱你！"瞬间，我们的政治老师，悄悄地在抹着眼角的眼泪。这样的表白，是不是很是惊喜啊！

第六种，大声喊出式。

体育课上，班上的同学提前策划，由体育委员领读"土味情话"。上课铃响起，在老师疑惑的目光中，体育委员佳鹏大喊一声"立正"，全体肃然站立。体育委员佳鹏走上前，大声喊："山外青山楼，老师帅得不用愁，玉环看了直惊叹，一日不见就发愁。"

全班跟着一起喊出，声震天地，气冲斗牛。随着呼喊的声音，只见老师的脸已经笑开了花。既而，深情地说："谢谢同学们，谢谢大家的心意。"

第七种，电话补充式。

有的科任老师，因为没有课，如果科代表私下送礼物，没有表达对老师的爱，这样不利于全班的教育。怎么办？

大课间，我开始给其他老师打电话："科技老师，你收到同学们的礼物了吗？"科技老师有些惊讶，说："收到了，收到了。"

"但是，他们还有话对您说。"我打开手机的免提键。

全班同学开始大声吼着："老师，您辛苦了，老师，我爱你！"连续三遍，这三遍声音飞出教室，飘向云端……

电话的另外一端，沉默了。既而，传出声音："谢谢同学们，老师太感动了。"

我趁热打铁，问："科技老师，你还有什么对同学们说的吗？"只听到科技老师深情地在电话里表达："同学们，创新精神很重要，关键是对我们未来思维的培养，愿你们都能爱上科技课，爱上创新。"

一次别致的表达，将表白与交流的情意在师生间交汇着。

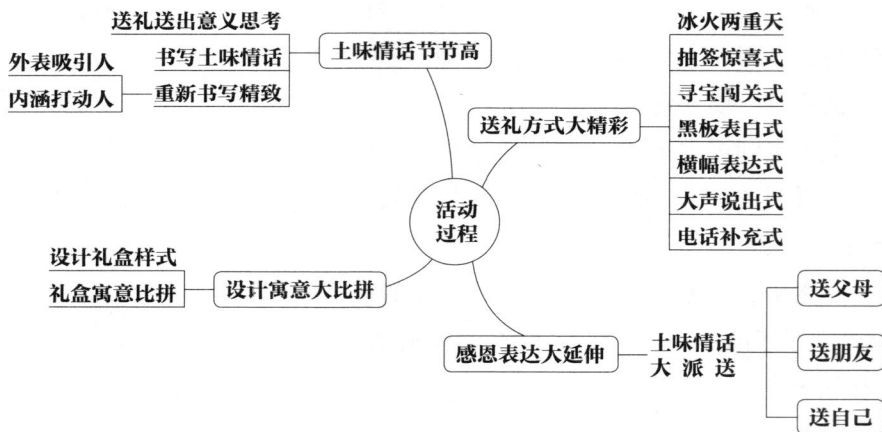

四、感恩延续大发展——把表达进行扩散

感恩教育，感恩老师，不仅仅是感恩教育射线的一个点，而更为重要的是，懂得爱身边的每一个人。

于是，我要求孩子们给朋友送上"土味情话"，给父母送上"土味情话"，当然，更为重要的是学会爱自己，给自己送上"土味情话"。

我还告诉孩子们："感恩，需要融进我们生活的点点滴滴，感恩师长，感恩父母，感恩朋友，感恩自己，还有万事万物！愿我们学会感恩，懂得感恩，把感恩进行到底！"

176

哲人詹姆斯说："人性最深的期盼就是受人感激。"礼物是代表我们感恩之心的方式之一。那么，送什么礼物，是我们教育人，需要思考的问题。送出的礼物不能物质化，所以，我们考虑送"土味情话"。接着，礼物是否有意义，能否真正润泽孩子的心灵，能否起到升华情感的作用，这就需要深化内涵。当然，怎么送出去，是否能起到感恩教育的作用，这需要一种唤醒教育。让同学们真正地、自发地、积极地、别致地去表达感恩，这样，孩子们在表达感恩的时候，自己也收获了幸福与快乐。最后，"土味情话"只是载体，而更重要的是，把感恩变成生活的态度，变成为人处世的哲学。做让学生懂得识恩、知恩、感恩、报恩、施恩的人文教育，是我们努力的方向。

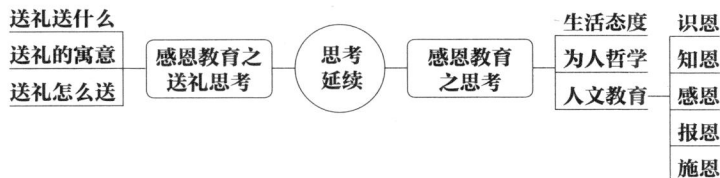

送礼送什么
送礼的寓意 —— 感恩教育之送礼思考 —— 思考延续 —— 感恩教育之思考 —— 生活态度 —— 识恩
送礼怎么送

为人哲学 —— 知恩
人文教育 —— 感恩
报恩
施恩

26. 居家活动
——加油，我们是一体

▲ 活动背景

疫情，撞击着每一个中国人的心，在这个没有硝烟的战场，我们都不能置身事外。我们是否可以通过疫情，给孩子们更多思考和成长？为了响应教育部"停课不停学"的号召，在孩子们宅家的日子里，我们班级做了一个"武汉加油，我们在行动"的系列居家活动。

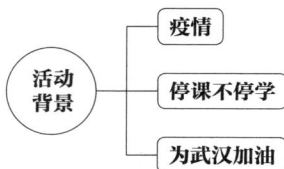

活动背景
- 疫情
- 停课不停学
- 为武汉加油

▲ 活动过程

一、预热——发出号召

首先，我在群里发出号召：

"各位亲，我始终觉得对人而言，生命是第一位的。生命都没有了，人生又何谈意义呢？为了让我们珍惜生命，热爱生活，我们要学会思考这次疫情中到底我能做什么，同时为了响应'停课不停学'号召，我们准备每天开展'武汉加油！我们在行动'系列活动。"

话音刚落，群里像炸开了锅一样。

孩子们开始热烈讨论，最后大家共同制定出一系列活动方案，其中关键词分别是"贡献""公德""健康""榜样""感恩""学习"。同时，确定了以小组为单位承办和主持活动的形式。大家商定每天一个活动，整个过程是先做海报宣传，白天准备，晚上8点开始在群里分享，最后小组完善复盘，深化改进后，再进行下一个活动。

二、开展——活动进行时

1. 自主行动——公益行动课

疫情的相关信息铺天盖地，充斥着每一个人的生活。考虑到孩子们的认识还处于感性阶段，所以第一次活动是"我为疫情作贡献"，大家自愿选择为抗疫作贡献的方式。这样尊重孩子们的意愿，从而持续点燃了孩子们对后续活动的兴趣。

有的孩子是以画画的方式为大家加油，配文写着"武汉，加油"这慷慨激昂的大字；有的是录视频，告诉大家戴口罩的正确方式；有的写文章赞扬冲锋在抗疫第一线的医护人员；有的用诗歌表达了共战疫情的决心；有的是捐款捐物，表达自己的爱心。大家是群情激昂，信心满满。

2. 开探讨赛——社会公德课

孩子们画画表达也好，做视频也罢，他们的认识还停留在表面，而明辨事理，做一个有社会公德的人，还是需要真正地深入思考、探讨辨析的。

于是我们设计了一场深入探讨赛。每两个组领取同样的问题，互相PK。

设计的问题包括：

（1）疫情中出现的各种社会现象，你怎么看待？

（2）作为一个社会人，我该如何做一个对社会负责的人？

（3）对一些人不重视疫情，还在聚会，不戴口罩等行为，你怎么看？

（4）面对谣言，我们怎么看，怎么做？

（5）如果我得了新型冠状病毒引起的肺炎，我该怎么办？

（6）如何在防疫中，减轻自己和他人的焦虑？

（7）面对武汉人，我们应该怎么做？

设计的这些问题，有假设的，有真实的；有感性体验的，也有理性思考的。小到家庭，大到国家，让孩子们在辨析中逐步深入，逐步明晰，冷静思考，最后懂得如何做一个懂责任、知义务、明事理的有社会公德的人。

为了学以致用，我们继续设计情景题，大家把具体的处理方式拍成视频，在群内进行比赛，最后评选出优秀作品。

具体题目包括：

（1）遇见不戴口罩的人，你会用什么方式让他愿意戴口罩？

（2）遇见不主动隔离的人，或者在街上到处逛的人，你怎么做才能让他在家里待着？

（3）遇见不主动上报疫情的人，你用什么方式，让他能主动汇报？

（4）遇见殴打医务人员的人，你准备用什么方式让他尊重医务人员？

（5）疫情期间，有些人陷入了焦虑，你准备怎么让他们走出焦虑状态？

（6）如果身边有人造谣、传谣、信谣，你准备怎么做？

（7）如果你的朋友得了新型冠状病毒引起的肺炎，你如何安慰他？

通过思考和演练，孩子们对这场疫情的理解更深入了。大家慢慢懂得为什么要诚实，什么叫"大义"，什么叫"团结"……这些都组成了一个大写而深刻的词语：公德。

3. 编室内操——健康科普课

生命在于运动，进行了一场脑力风暴后，班级组织了一次室内运动：让孩子们在家里自编、自导、自演自己独特的运动法，并且配乐拍成视频，强身健体的同时，也增添了很多居家乐趣。

小颖同学设计的是头部运动；陈奇同学自编的是颈部运动；家欣设计的是眼部运动；曦睿同学还教大家进行脸部锻炼；福润做了一套简单有趣的韵律操；新语同学伴随着流行音乐跳了既是舞蹈也是运动的鬼步舞；唐艺自己研究了一套唐氏武术……大家一起编操，一起学操，不亦乐乎！

课堂结束，大家还意犹未尽，苏林眨巴着眼睛兴奋地说："这样运动，就不担心宅在家里会长肥了。"大家纷纷表示："这样有趣的活动,我们还要！"

于是，一堂生命运动课就这样变成了"天天集体运动"。每天大家一起运动 10 分钟！

4.学习英雄——榜样示范课

抗疫过程中涌现了太多英雄的人物，出现了太多感人的故事。有的力挽狂澜；有的舍生取义；有的逆向而行；有的兢兢业业；有的慷慨解囊……在这个没有硝烟的战场上，他们身上闪现的正直、忠诚、无私、坚韧、奉献，都可以成为活生生的榜样力量。

孩子们也不仅仅看到钟南山爷爷这一个英雄，他们还用自己独特的眼光发现了身边的英雄：环卫工人、民警、医护人员、保安，还有捐献口罩的商人……

在群展示视频里，雷振深情讲述了各行各业捐献口罩的三个小故事，玉林用诗歌表达了对白衣天使的崇敬之情，静怡同学深情地编唱了一首歌，表达了对门卫保安的崇敬,还有罗艺用七言律诗歌颂了这场战役中的一群英雄。

"课堂"上流淌着温暖和感动，一种无形的力量充溢在每一个人的心里，这就是学习榜样的力量！

5.懂得感恩——感恩教育课

有了榜样力量的激励，孩子们的情感变得越来越浓烈，大家越发觉得不仅仅是学习榜样，还要真正地知恩图报。一场"感恩教育课"势在必行。

孩子们不仅用歌声和手语操表达对医护人员、各种无名英雄的感恩，更让人感动的是，孩子们用笔写下了对父母、自然的感恩："在这段时间，我们天天在家里，有了更多陪伴爸爸妈妈的时光，才发现爸爸妈妈好辛苦，真正的感恩是行动。我们要感恩父母，感恩国家，原来上学是一件多么幸福的事情啊，感恩大自然万物……"

这堂"课"结束后，孩子们开始做家务，陪爸爸妈妈谈心，真正地把感恩变成了行动。

6. 联系自我——重建学习课

当然，挖掘这次疫情的教育意义，最终落脚是行动，关注当下，用我们懂得的道理指导我们的行动。于是我们开展了"重建学习"活动。

第一步，从文章思自我。我们一起阅读了一位中学生写的文章。文中讲述了一个中学生宅在家里时，从浑浑噩噩到自我觉察，逐渐走上有意义、有规律的生活的故事。

我问大家："同学们，你们仔细想一想，这段时间你的学习真的有效吗？你的日子有意义吗？"大家纷纷表示自己的生活变得缺乏规律，人变得懒散而拖沓了。

第二步，从疫情谈学习。大家不约而同地谈到了钟南山先生。有的同学表示，这次疫情钟南山爷爷成了大家的救星，他就像黑暗中的曙光，这些源于他有智慧，有知识。也有同学表示："学习是一辈子的事情，钟南山爷爷20多岁从名牌大学毕业，40多岁赴英国进修，60多岁带领大家抗击非典，80多岁的他依然挂帅亲征，他一辈子都在努力，都在学习，所以人要生命不止，奋斗不止。"

第三步，从现实谈学习。我趁热打铁问大家："我们以前都期待假期延长，可是现在呢？"

"老师，我巴不得马上去上学了，天天宅在家里太难了。"

"老师，到底什么时候能开学啊？"

"在家学习太难熬了。"

……

"是啊，因为疫情延长了假期后，我们才发现，原来能上学也是一件幸福的事情，珍惜拥有的学习时光，就是幸福的。让我们一起珍惜拥有，热爱学习吧。"

第四步，订计划爱学习。最后，孩子们利用宅在家里的时光，重新制订了适合自己的劳逸结合的学习计划，重建学习，重建人生。

制作海报　　启动热情
小组主持　　　　　　　发出号召 ── 活动过程 ── 活动进行
群里分享　　商定程序
完善复盘

自主行动 ── 公益行动课
开探讨赛 ── 社会公德课
编室内操 ── 健康科普课
学习英雄 ── 榜样示范课
懂得感恩 ── 感恩教育课
联系自我 ── 重建学习课

思考碰撞

　　教育部办公厅、工业和信息化部办公厅联合印发《关于中小学延期开学期间"停课不停学"有关工作安排的通知》,《通知》提出,"停课不停学",要坚持把做好疫情防控工作放在首位,维护广大师生健康安全;注重加强爱国主义教育、生命教育和心理健康教育,鼓励学生锻炼身体、开展课外阅读;坚持学校教师线上指导帮助与学生居家自主学习相结合,限时限量合理安排学习。

　　此次系列活动将疫情防控与公德教育、生命教育、理想信念教育相融合,将社群网络变成活动课堂,充分调动学生积极性,将教师引导和学生自主学习相结合,而且整个活动活泼有趣,很适合以居家班会的方式开展。

　　班级的活动还在以另一种方式继续着,孩子们还在不断碰撞出思想的火花。作为班主任,我想,通过这次居家活动,或许并不能真正改变孩子们的一些想法,一些坏习惯,但是一定能让他们开始真正学会思考,学会价值判断,学会做一个好人。对我的孩子们,对中国的下一代,我是有信心的!

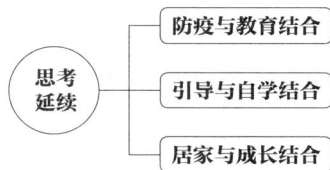

思考延续 ── 防疫与教育结合
　　　　　　引导与自学结合
　　　　　　居家与成长结合

27. 远足活动
——用脚步丈量"心"体验

活动案例

▲ 活动背景

根据"学校即社会"的主张，从社会系统的宏观视角来培育学生的社会精神，培养学生的意志力。按照"教育即生活"的主张，培养学生能够识别中草药，学会基本的生活常识、护理技能，并在"做中学"，培养孩子们懂得互相关心、团结友爱、合作探究的习惯。

▲ 活动过程

一、准备阶段——策划活动全员参与

1. 从社会系统建构的宏观视角来建设班级

学校是社会的雏形，班级是学校教育的基本单位，所以，班级建设应从社会系统建构宏观的角度去设计。在远足活动中，学校先进行了整体布局，做好了前期的路线策划、安全保障、活动设计的方案。接下来，作为班主任，需要通过远足的活动，达到建立和谐上进的班集体的目标。

2. 把培养民主公民作为班级建设的奋斗目标

班级建设以面向学生的日常生活，从生活中发展学生为主要职责。因为生活具有内容丰富、形式多样的特点，直接指向人的总体状态、品质、能力，所以，整个活动对学生进行了整体布局，分组实施：

班级口号——诗怡组　　　　　　中草药知识——雷申组

春天主题歌——子涵组　　　　　彩旗准备——思序组

抓拍照片——新宇组　　　　　　安全保障——秋萍组

3. 班主任在远足活动中，创造师生、生生、家校合作的环境

在这次远足活动的筹划阶段，我们让所有的学生都参与进来。制作班级的宣传标语的时候，大家一起商量，共同思考。有的孩子说："我们这个标语需要有气势。"有的孩子说："我们的这个标语要体现班级精神。"大家你一言我一语，议论开来。最后大家决定用班级的常用口号——"九班九班，海纳百川，青春似火，超越自我"，同时，大标语用我们现在做的青春修炼课程——"博静班青春修炼之旅"。当然，标语到底是分成几份，如何弄，孩子们都是七嘴八舌讨论出来的。穿班服还是校服也是讨论了许久，最后大家民主决定：外面穿校服，里面穿班服，这样既有校服，也有班服。

我们还充分调动家长，让家长们自主报名参与班级的管理。家长还自发买来旗子等需要的用品。

最后，班级全员参与设计。哪个时候谁来领口号，哪个时候谁来教唱歌，哪个时候干什么，孩子们自己策划。同时，每个同学在自己的彩旗上写上属于自己的励志语，激发班级责任感，培养师生平等、相互学习、共同生长的意识。

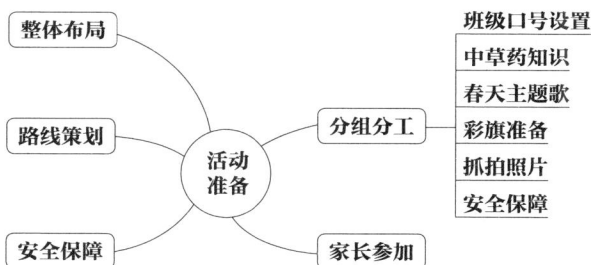

二、实施过程——多维度培养

践行"教育即生活"的教育主张，面向生活的教育表现为三个方面：第一，教育内容的实用性。第二，教育活动的主角是学生。第三，准备社会生活的唯一途径就是进行社会生活。

1. 寻宝中草药——坚持实用性原则

幸福生活的获得不仅仅是具备很强的学习能力，更为重要的是把学生培养成社会公民。观察中草药正是培养学生懂得生活、了解身体保健知识的一项生活技能。

我们提前让孩子们看了中草药书籍，孩子们一路上像寻宝似的，找着中草药。看见路上的野菊花叶，孩子们惊呼："这个具有疏散风热、消肿解毒的功能呢，能治疗疔疮痈肿、咽喉肿痛、风火赤眼、头痛眩晕等病呢。"孩子们如数家珍地说着，有的孩子还拿着 APP 软件进行识别，有的孩子飞奔着爬上山坡，拿着中草药闻一闻、摸一摸，甚至尝一尝味道，还真有"神农尝百草"的样子呢！赖兴美爸爸拿着一大把野草，大声说："同学们，其实中草药遍地都是哟！"孩子们一拥而上，争着说着自己认识的中草药，争着说着它们的性能和药效。

2. 呼号拉歌吟诗——感悟生活美好

"一切教育工作都应尊重学生主动参与、主动发展的兴趣。"一路上孩子们呼喊班级口号，唱着自己准备的歌，喜欢的歌，玩得不亦乐乎。

队伍前面有的班级在大声呼喊口号，孩子们似乎被这样的热情感染了，一个个也是声震天地，气冲斗牛："九班九班,海纳百川,青春似火,超越自我。"后面的班级听见我们班级在喊，也群情激昂地开始呼喊口号，声音一浪高过一浪，热闹非凡。

天空突然下起雨来，孩子们马上开始唱起歌："淋雨一直走，是一颗宝石就该闪烁，人都应该有梦……"一群孩子都沉浸在下雨的世界，全然没有了雨点突然袭来的恐慌和仓促。一会儿，钟鹏自发带头唱起来："那可爱的蓝精灵，那可爱的蓝精灵……"大家都全情投入，一起唱起来，声音越来越大，越来越整齐。

走到桃花林，那儿落英缤纷，芳草鲜美。孩子们情不自禁地齐声吟诵："忽逢桃花林，夹岸数百步……"仿佛大家都走进了世外桃源，美不胜收。

3.长途游览体验——思考人生哲理

通过远足活动，可以引导学生关注生活中的常态和生活中的非常态。生活中的常态是指成功、快乐、喜悦、平静等；生活中的非常态，是指失败、悲伤、排斥、灾难等。在游览古寨的时候，孩子们看着曾经繁华，今日沧桑的古建筑，思考着朝代更替，造物弄人的人生哲理；看着古树纵横交错，却仍然顽强地生存，不禁思考着，树能如此，人何以堪？人生也会遇到非常态的时候，我们该如何面对，理性思考在参观事物面前，已经是顺其自然的事情了。

长途跋涉之后，孩子们已经没有了刚刚开始的兴奋，继而疲惫、疼痛、饥饿袭来。此时，孩子们也走入了非常态的体验中，孩子们咬牙坚持着，互相搀扶着，一路上鼓着劲。磨炼意志也在悄然中真实地发生着。

三、尾声思索——实现"做中学"的复盘

如果说做事情只是一种感性的认识，那么做中学所形成的能力就是一种理性认识。

远足活动结束了，但是我们还需要引导孩子们思考和总结，使学生明白做的原因，进行理性总结。理性总结就是探索事物背后的原因，其意义不仅在于成功完成一件事，而且还包括由此可以得到的科学洞察力。

远足结束后，我们班级进行了随笔复盘，从孩子们的复盘来看，大家的思考远远超过培养意志的问题。

孩子们思考了同伴互助的美好——大家一路上欢歌笑语，互相帮助；有的思考了人生的意义：人生就是一场远足，需要走太多的路，这一路上有草长莺飞，也有风霜雨雪，有荆棘丛生，也有平坦开阔，关键是行走的人如何去走；有的同学领悟了生活的诗意，一切的美好都是在路上悄然地发生。

识别中草药
采摘中草药　　寻宝中草药
互说中药功效

长途游览体验　　联系生活常态
思考人生困境
意志磨炼及时

活动过程

呼号群情高昂
唱歌触景应时　　呼号拉歌吟诗
吟诗浪漫飞扬

随笔复盘思考

思考碰撞

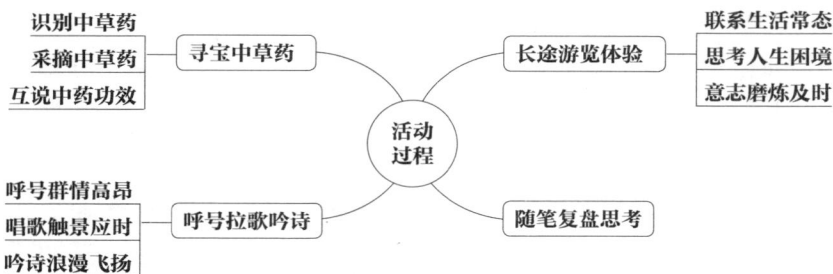

　　正如张春兰老师说的：宏观视野与结构意识的统一，实用性与教育性的统一，学生立场与理性批判的统一，这样的班级具有社会气质与内在生长动力，学生具有社会精神与科学素养。

　　远足有着无可替代的教育价值和意义！

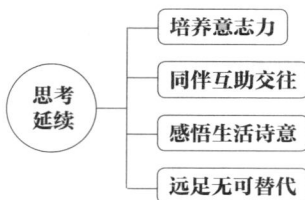

思考延续　　培养意志力
同伴互助交往
感悟生活诗意
远足无可替代

28. 拔河比赛
——辗转之中看意趣盎然

活动案例

▲ 活动背景

最近,孩子们有些浮躁,年级准备搞一次活动,来平息孩子们躁动的心灵。

```
活动    ┌── 学生浮躁
背景    │
        └── 年级第一次活动
```

▲ 活动过程

一、开端——首战告捷晒开心

宣布举行拔河比赛后,我们班抽签抽到和一班对战。当我把这个消息带到教室时,孩子们欢呼沸腾。有的孩子大声嚷嚷:"老师,我们肯定会赢,一班的同学没有我们强壮。"

"是吗?"我有些惊讶,孩子们的观察能力比老师强多了。

"老师,我要去!"

"老师,我要去!"

大家踊跃地报名。我吩咐祥辉负责男生报名,鑫瑶负责女生报名,钟鹏和朱卉负责组织啦啦队。

这是上中学后的第一次拔河赛，大家的兴奋溢于言表，争着出谋划策。

"老师，叫他们不要往前倾！"

"老师，应该让他们男女同学搭配着站！"

孩子们挺麻利，一会儿工夫，安排妥帖。

上场后，我们班的拔河队，三下五除二赢了一班，孩子们欢呼雀跃。接着，第二场，不费吹灰之力，预赛通过！整个操场沸腾了。九班一直处于亢奋的状态，我也高兴地招呼着："孩子们，我给你们拍照！"一张张笑脸，挤在一起，露出牙齿，摆着姿势，那份雀跃的心情，溢于言表。

有的孩子嘟着嘴，撒着娇："老师，看我们的手，都拉疼了！"我低下头，看着一双双红通通的手，眼里满是怜爱，"老师给你们拍张照片，留念吧！"大家的手全部都伸出来，"咔嚓"一声定格了一个幸福的时刻。

孩子们挤在一起，有的吐着舌头，有的双手向上，有的故意摆着酷酷的样子，那是不可遏制的会心的快乐。鑫瑶几个孩子，把手做成一个五角心，其他孩子也蜂拥而至，欢天喜地，手舞足蹈，快乐一浪高过一浪。还有什么比孩子们的幸福更重要呢，还有什么比一起奋斗后取得了成绩更快乐的呢？

二、发展——决赛失败跌谷底

那个下午，孩子们都沉浸在幸福中。也许，幸福来得太容易，第二天，决战时，我们却跌入了无底的深渊。

战前，我们高吼着："九班九班，海纳百川，青春似火，超越自我。"声音如浪潮一般，孩子们士气高昂。可是，在激烈的角逐中，我们费了九牛二虎之力，勉强赢得了第一局的胜利，然而孩子们开始体力不支，最后连输了两局。

有的孩子，开始抹眼泪；有的孩子，沉默不语；有的孩子，伤心地诉说着比赛的失误。大家已经没有了昨天飞溅的热情，一种无形的痛，压抑着我们。

"老师，我们输了？"有的孩子在哭泣。我轻轻地抚摸着他的头，所有的安慰，此时都显得苍白无力。

晚自习前，朗读英语时，大家都有气无力，任由科代表如何调动气氛，大家还是无精打采。

突然，纪律部长鑫瑶噌地站起来："你们能不能别那么窝囊？失败了，输了，都不好受。但是，读书还得好好读呀！"鑫瑶言语里带着哭腔。

"不是我们不想读，是真的没有力气！"一个孩子有些委屈地说。可是，我却明显感觉到，孩子们那份内心压抑不住的痛。

看来，我需要给孩子们谈点什么，比赛后的总结比比赛更重要，这将影响到我们以后的学习和生活。作为老师，要善于发现教育的契机。

三、转折——共读诗歌找力量

晚自习，我在班级里和大家聊天。同学们一个个耷拉着脑袋。我微笑着说："孩子们，输掉了这次比赛，谁都不高兴。但是，我们不能这样沉沦下去呀！我们要善于在失败中看到有价值的东西！"我轻轻地说。孩子们微微抬起了头。

长彬说："这个比赛，是赢是输，都不重要，重在参与。"

鑫瑶也站起来说："老师，重要的是我们努力过，拼搏过，结果怎样都无所谓。"

"是呀，成功固然值得欢欣鼓舞，失败后找到自己的不足，也能让自己进步。"

"对呀，孩子们，'我走了，是为了以一个崭新的面貌回来。就像树木抖落了黄叶，是为了春天以更葱茏的形象走向大地的期待'。"我引用了汪国真的诗歌，孩子们马上来了兴致。

"别以为我们不争气，别以为我们没出息，今天输一场，明天再比高低。"慢慢地人越来越多，声音越来越大，蹇小艺激动地站起来说："老师，今天我和彭鑫瑶还一起写了一首诗歌，就是在心里面给自己打气。"

"什么诗歌呀？读来听听。"我笑眯眯地看着孩子，歪着头问。两个孩子一唱一和地朗诵起来：

失败的我们，成功的心灵

不要哭泣，因为我们曾经辉煌过

不要放弃，因为我们曾经拼搏过

不要难过，因为我们曾经努力过

不要气馁，因为我们曾经追求过

不要弃志，因为我们在失败中总结经验

不要垂头，因为我们在命运中把握机会

听着朗读，每一个孩子的心中都在沸腾，都在呐喊：不怕，不怕，站起来！

四、高潮——翻看照片找原因

空有一腔热情，是不够的，还需要最后落脚到实际中去。我把下午拍摄的照片翻出来，和孩子们一起欣赏。孩子们聚精会神地欣赏着照片，时而凝神，时而欢笑，时而蹙眉，仿佛又回到了比赛的现场。特别是看到班上的曹琨同学拼尽全力拔河时，脸都已经变形，全班更是哄堂大笑。

看到一张照片里面，一个孩子弓着身子，仿佛用力不够，有孩子马上惊叫："老师，我发现有个别同学没有用力！"

我趁热打铁，引导大家："同学们，成功有成功的原因，失败有失败的理由。我们回头再看拔河赛的时候，要把成功的原因和失败的理由，总结出来，还要用它指导我们以后的生活。"

"老师，我发现我们是太骄傲了，比赛之前有同学不屑地说：我们肯定赢！"一个孩子站起来说。

"对，盲目地自信，会成为成功的绊脚石。"

"老师，我觉得我们准备得还不够充分，我们应该安排好每一个环节，做好每一种打算。准备越充分，赢得概率越大。"

"看来临时抱佛脚是不行的呀！"我脸上带着笑意。

"老师，我们有的同学的脚是乱的，劲没有往一处使。"

"老师，团结就是力量！"孩子们你一言我一语地议论开来。孩子们慢慢由沸腾变得沉稳；由激动变得清醒。

为了让孩子们能找到解决方法，我继续追问："同学们，我们该如何克服这些困难，来指导以后的学习和生活？"

"老师，以后不能掉以轻心，要时刻保持谦虚。"

"老师，下学期不是有接力赛吗？我们提前准备，现在开始，天天早上去跑步，增加实力。"

"下一次，我们就提前安排好每个人做什么，事前预设究竟会出现的情况，提前培训，做好准备。""老师，我们还需要大家劲往一处使。"我会心一笑，不停地点着头。

五、升华——延伸生活找榜样

"同学们，这次比赛我们输了，但是我们却收获了很多，懂得了如何反思，如何发现问题。我们在比赛中会遇到问题，生活中，我们也会面临这样那样的问题。今天，就以此为契机，想想我们平时的方方面面吧！"

"老师，马上要期中考试了，我们应该谦虚地向同学学习，做好充分的准备！"

"老师，我觉得有个别班干部徇私舞弊，这会引起同学们的不满，不利于团结。"另一个孩子大胆地提出了班级的问题。

"老师，我比较喜欢生气，这也不利于提高自己的修养。我以后会注意。"孩子们还大胆地进行了批评和自我批评，教室上空弥漫着温暖的气氛。

"同学们，既然我们已经发现了问题，现在，我们可以给自己找找班级的榜样，在这些方面哪些同学做得好，我们以后可以向他们学习！"

"钟鹏，他这段时间很积极，什么事情都是抢着做，总是那么乐观谦逊，而且乐于助人。"

"秦德伟，能利用好零碎时间，完成做作业、预习等事情。"

"李俊男，上课回答问题很积极，做事公正，又热爱班集体。"

"嗯，是这样的。"其他同学不住点头称是。最后我们选出了班级的十大榜样。

看着孩子们已经不再是比赛后垂头丧气的样子，我有些激动地说："同学们，其实失败并不可怕，我们要懂得把失败变成一笔宝贵的财富，汲取能量用于我们以后的生活。这次拔河赛，我们没有输，因为我们赢得了更多前进的养分！"

窗外凉风习习，我们却丝毫感受不到凉意！

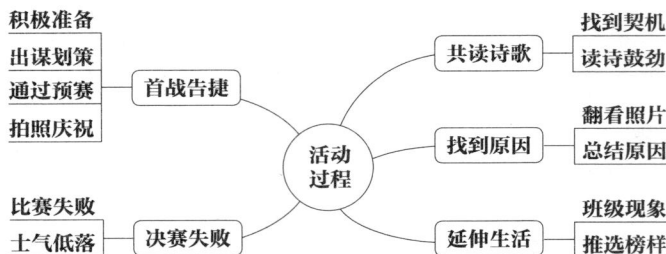

积极准备
出谋划策
通过预赛   首战告捷
拍照庆祝   活动   共读诗歌   找到契机
                                过程   读诗鼓劲
比赛失败   找到原因   翻看照片
士气低落   决赛失败   总结原因
                                              延伸生活   班级现象
                                                              推选榜样

思考碰撞

教育契机发生在教育的方方面面，作为班主任，要善于发现教育契机，哪怕突发事件，都是教育资源、教育契机，并且，我们要合理利用契机。特殊情况下，我们还要善于创造教育契机，充分挖掘教育契机的育人资源，做生活的有心人。用敏锐的眼睛，灵活的教育方式，有效的育人手段，让每一个契机都迸发出美丽的火花，成就学生美好的未来！

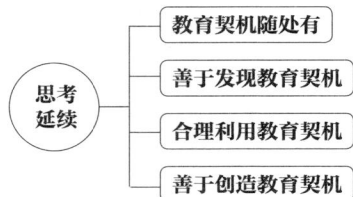

思考   教育契机随处有
延续   善于发现教育契机
              合理利用教育契机
              善于创造教育契机

29. 职业体验
——我去工厂做员工

▲ 活动背景

　　假期，我们换着花样，带孩子们参加社会实践。这一次，是进工厂实践，增加他们对职业的理解。

```
        ┌── 劳动教育
活动
背景 ────┤
        └── 职业体验
```

▲ 活动过程

一、联系实地——做好分工准备

　　为了到工厂实践，我提前在家长群里询问：各位家长们，能联系到工厂让大家去实践吗？

　　"哎呀，不好找。"

　　"大家要是觉得可以，到我们工厂里来实践一下。"在厂里任副厂长的子涵爸爸说话了。我喜出望外，这可是天大的好事。家长们也纷纷表示赞同。

　　一呼百应，说干就干，立马行动。我们马上对家长团做分工安排：张鑫妈妈：负责评价工作认真与否；代诗怡爸爸：负责后勤安排；刘厚勇妈妈：

负责车辆安排；子涵爸爸：负责讲解工厂的流程。

二、准备问卷——设置心理期待

安排好实践地点后，下面就是设计问卷。为了能贴近孩子们的实际，我们要求每个同学从感同身受的角度设计问卷。问卷包括以下几个问题。

第一个问题："你为什么要参加本次活动？"

这个问题是针对参加的目的进行提问。孩子们的回答各不相同：有的说，是为了体验厂里工人的工作；有的说，是因为好奇；有的说，是为了体验人生的酸甜苦辣，从而，珍惜拥有的生活；有的说，是为了锻炼自己；还有的说，是为了体会爸爸妈妈赚钱的辛苦；当然，还有的说，是为下学期积蓄力量。

第二个问题："你希望本次活动达到什么效果？"

这个问题是针对本次活动的期待提问，给孩子制造一个心理期待。有的孩子说：我可能会在学习上更加努力；有的孩子说：不确定；有的说：体验一下工人的不容易；有的说：受到启发，得出感受。

第三个问题："你期待本次实践活动的形式是什么样的？"

这个问题是了解孩子们对理想的打工生活的看法。有的孩子说，随便怎么都可以；有的期待有趣；有的希望能得到应有的报酬；有的希望能干得轻松又高兴。

第四个问题："你期待本次的工资是多少？"

这个问题是考察孩子们对自我价值的衡量。孩子们有的希望是 200 元，有的希望是 70 元，大多数孩子期待是 50 元。

第五个问题："你对本次工厂实践最大的担忧是什么？"

这个问题考察孩子们心里的焦虑是什么。有的孩子说："为什么要自己带碗筷？我觉得很麻烦。"有的担心安全问题："有安全隐患吗？"有的担心工作时间问题："会不会很累？"有的担心自己不适应，工作经验不足。

了解了孩子们的心理期待，我们根据孩子们的担忧，一一进行了问题解答。

一切准备就绪，大家穿上班服，整装待发，开启了职业生涯教育体验之旅。

三、初进工厂——了解工作纪律

孩子们兴奋地来到工厂，8点钟准时开始上班。负责人子涵爸爸，把同学们带到了工厂，给大家安排工作的是车间主任。

这个车间主任，一脸严肃。孩子们似乎有些敬畏，不敢说话。车间主任环视四周，开始讲话："我告诉大家，既然今天来这儿打工，那么，你们就是这儿的职工，就不要把自己看成是学生。家有家规，国有国法，我们先说好，后不乱，不然违反了纪律，工资一律按照规定扣除掉。"孩子们站得笔直，似乎被车间主任的气势震慑住了。

车间主任继续说："下面我宣布几条重要的工作纪律：1.车间员工应按时上下班，不准旷工、迟到、早退，工作时间不准擅离工作岗位和做与工作无关的事。违者将扣除工资300元。2.车间员工应无条件地服从工作分配、调动。3.车间员工必须高度集中精力，认真负责地进行工作，把好工作质量关，节约原材料，爱护设备、工具等一切公共财物。4.经常保持工作环境的整洁。5.车间员工应忠诚企业，保守本厂的技术、商务等机密。违反以上任何一条将扣除工资300元。违反最后一条，将会迎来开除的惩罚。"

人群中开始骚动，有人暗暗发出唏嘘声。"上班时间必须严肃！"车间主任严肃地喝道。孩子们大气不敢出，似乎感觉到工厂的管理比学校管理更严格。

车间主任继续宣布奖惩制度："有以下行为的车间员工，将会罚款。1.上班迟到、早退或中途离开在一小时之内的（超过一小时作旷工半天处理，超过四小时作旷工一天处理）；2.穿拖鞋或赤膊上身的；3.工作时有非工作性串岗、脱岗或有嬉闹、闲谈、看无关书报行为的。

"当然，厂里将对以下情况进行奖励：1.提出合理建设性意见。2.为本厂研制开发新产品做出显著贡献的。3.维护本厂利益挽回经济损失5000元以上。4.维护企业重大声誉。5.一贯忠于职守，积极负责，廉洁奉公，舍己为人，事迹突出的。6.在完成生产任务或工作任务、提高产品质量或者服务质量方面，做出显著成绩的，予以一次性或经常性奖励。"

四、分工合作：体验一天工作

了解了工作纪律后，接着是工作分工，各就各位。

孩子们有的做零件；有的把废铁里有用的铁挑拣出来；有的叠口袋。如果不出来体验，我们会以为世界是自己想象的样子，自己真正体验之后，才会发现，原来，工厂里如此烦琐。

我们家长评委一刻没有停过，一直在拍照记录：观察这个孩子凝神认真的样子，抓住那个孩子积极主动的瞬间。

中午时分，孩子们在工厂里吃饭。大家排队、打饭，路边开吃。不再像平时一样挑三拣四，而是狼吞虎咽，一会儿就把碗里的饭菜吃个精光。

匆匆吃完午饭，大家继续上班。有的孩子正准备唉声叹气，但一想到规章制度，就不再作声。下午，大家又交换了工种，换了另外的工作进行体验。有的开始"磨表面"，有的进行"弯形""钳工""自动缩管""剪管子""穿热缩管"，每一项都需要技术。

孩子们显得很谨慎，主动请教工厂里的叔叔阿姨们。慢慢地，大家把烦琐细微的工作做出了艺术，有的孩子在排列管子时候惊叫着："哇，这像钢琴键盘。"

时间终于到了下午5点。车间主任开始带着孩子们参观工厂，参观自己没有涉及的工作。车间主任说："这些活，很危险，有技术含量，所以大家还没有体验。"

参观办公室的时候，有孩子说："主任为什么不让我们体验办公室呢？"

"我们办公室里至少都是本科文凭，你看你们现在有吗？"孩子们伸伸舌头，默不作声。

接着，大家开始领工资。有的孩子是20元，有的是40元，有的是50元。车间主任说过工种不同，工资不同。拿到工资的那一刻，看着自己来之不易的工资，我想孩子们的内心是有所感悟的。

五、分享感受——指导未来

职业生涯教育的关键是反思，反思自己，指导未来。

当天晚上，我们趁热打铁，在群里分享感受。我们用问题式的方式进行分享。

首先，主持人问："你觉得这次实践活动哪一方面最吸引你？"孩子们争先恐后地回答。

"我觉得是参观，看到了平时在学校里学不到、看不到的东西。"

"我觉得是今天的油管技术，以前从来没有试过，没想到汽车零件也可以从我的手里做出来。"

"是剪绳子，我刚开始觉得，就这么简单地剪下来就可以了，没想到还有技巧，是需要边拉边剪，然后对折再剪里面。"

"我觉得是印条码。以前觉得很简单，没想到，油墨的厚度、精度、浓度，这些都是有讲究的。"

主持人继续问："本次实践活动带给你最大的感悟是什么？"

有的孩子说："让我明白父母的辛苦，以前觉得读书苦，可是没有想到，不读书会更辛苦。"

有的孩子说："没有能力，做什么都会有困难的，哪怕就是在工厂打工都需要学习，提高能力，我现在终于明白了。"

有的孩子说："我终于学到了学校里学不到的东西，什么都需要做到专业，做到极致。以前我总是马马虎虎，现在，我明白了，马马虎虎是对自己的放纵，严格要求自己，为以后做准备，对自己苛刻一些吧。"

有的孩子说："我的感受是，以前觉得学校管理严格，可是，当我们走进工厂，才发现，原来制度真正地和自己的生存联系在一起。并且真的要罚钱。其实，制度和规则哪儿都需要，以后我不会再无视学校的纪律了。"

主持人问了第三个问题："请用一句话来总结你今天最深刻的领悟。"

"今天学习不努力，明天努力找工作。"

"当你的野心配不上你的才华的时候，就要努力修炼自己的内功。"

"爸爸妈妈，我终于明白你们好辛苦！"

"遵守规则，才能获得更高级的自由！"

孩子们还在总结着，诉说着。一次打工经历，就是一次深刻的体验，真正走进工厂，真枪实弹地去做，得到的体会也是无可替代的，我想这就是劳动教育的真正意义吧。

家长资源
分工安排 ── 联系实地

参加的原因
期待的效果
理想的打工方式 ── 准备问卷
期待的工资
担忧什么

见负责人
宣布工厂规则 ── 初进工厂
子主题

活动过程

学生打工
家长拍照
体验午饭
开始工作 ── 体验加班
多种工种
参观工厂
领取工资

最吸引你的地方
分享感受 ── 最大的感悟
一句话总结

思考碰撞

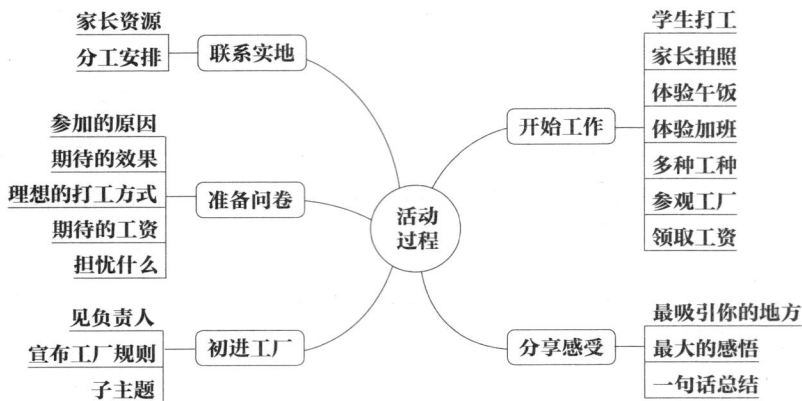

中共中央、国务院印发了《关于全面加强新时代大中小学劳动教育的意见》，足见我们国家对劳动教育的重视。劳动教育与职业生涯教育相结合，既能培养学生的劳动习惯，也能培养学生参与社会实践的能力。本次的工厂打工实践，让孩子们学会了以下三个方面。第一，体验生活的艰辛。很多时候，由于学习压力，学生对生活的艰辛很陌生，这次实践，正好感受了生活的艰难。第二，体验学习的重要性。不体会，永远不知道自己到底能干什么。当自己通过体验，认识了自我，了解了自我，这也是职业生涯教育重要的一个方面。第三，体验父母不易。当学生通过身体力行，真正感同身受父母的辛苦，会更加懂得感恩。所以，将劳动教育与职业生涯教育相结合，充分挖掘身边资源，让学生在实践中感悟，在体验中收获。

思考延续 ── 劳动教育与职业生涯教育结合 ── 体验生活的艰辛
体验学习的重要
体验父母的不易

30. 综合实践
——手把手教学生做研究性学习

活动案例

▲ 活动背景

抗疫居家学习，考验的是学生的自我管理和自学能力。我一直在思考，应该培养什么样的学生，我们的教育到底要给学生留下什么。基于这样的思考，我以"抗疫期间的生活研究"为话题，带领学生进行了长达三周的研究性学习。

《中小学综合实践活动课程指导纲要》中关于综合实践活动问题解决的目标是："能关注自然、社会、生活中的现象，深入思考并提出有价值的问题，将问题转化为有价值的研究课题，学会运用科学方法开展研究。能主动运用所学知识理解与解决问题，并做出基于证据的解释，形成基本符合规范的研究报告或其他形式的研究成果。"基于这样的目标，一群从来没有接触过研究性学习的孩子，开始了他们的研究性学习之旅。

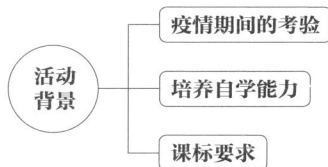

```
          ┌── 疫情期间的考验
  活动     │
  背景 ────┼── 培养自学能力
          │
          └── 课标要求
```

▲ 活动过程

一、教师自身——明晰研究性学习

老师，是学生的引导者。老师自身首先要有研究性的思维，能给学生科学的、切合学情的安排。

什么是研究性学习？据"百度百科"说：是以"培养学生具有永不满足、追求卓越的态度，培养学生发现问题、提出问题、从而解决问题的能力"为基本目标；以学生从学习生活和社会生活中，获得的各种课题或项目设计、作品的设计与制作等为基本的学习载体；以在提出问题和解决问题的全过程中，学习到的科学研究方法、获得的丰富且多方面的体验和获得的科学文化知识为基本内容；以在教师指导下，以学生自主采用研究性学习方式开展研究为基本的教学形式的课程。

二、点燃热情——动员学生投入热情

研究性学习是一个长期的过程。只有激发学生积极投入进来，才能做好后面的工作。所以，激发学生的参与热情很重要。

我把北京中学六年级四班李雨宸同学的研究报告发在群里，问同学们："你们看了之后，有什么感受？"

"这个小学生太厉害了，估计做这个得用很久的时间。"有同学惊讶地说。

"小学生都能做得如此完整、全面，更何况中学生，我们也可以。"有同学和自己进行了对比。

"人家六年级的学生，面对一个作业，都可以一改二改三改，甚至四改，我们为什么不能？"

孩子们开始跃跃欲试。我继续"煽风点火"："同学们，我们要把自己当作一个研究者、科学家来打造啊。我们的钟南山爷爷，还有医务人员，用自己精湛的专业治病救人，这就叫专业。我们都能通过这样的学习，学会如何去获得知识，运用知识，形成主动探索的学习态度和学习方式，这对我们未来的工作和学习非常重要。”

同学们开始在群里"摩拳擦掌"，纷纷表示愿意一试。

三、指导选题——引导与选择结合

首先，通过集体讨论，大家一起确定了大主题：疫情期间的生活研究。再根据大主题进行发散：1.抗疫期间心理调整。2.抗疫期间学习方式改进。3.抗疫期间运动方式提升。4.抗疫期间的饮食研究。5.抗疫期间的卫生保健。6.抗议期间的娱乐方式。

然后，进行小组研究。小组是已经组织好的学习小组。此时，我把选择权交给学习小组的组长。小组长组织组员共同选题。此时，会出现两种情况，一种情况是小组长不懂得如何组织。那么，老师就指导小组长进行选题。另一种情况是小组内部意见不同。比如其中一个组，组长和组员准备选择"抗疫期间的饮食研究"。但是，组员李涛马上提出反对意见："我对这个话题不感兴趣，我想研究'心理'方面的选题。"怎么办? 同兴趣的组员可以互相自由调换，尊重个体意愿。

接着，同话题小组可以互相组合，进行小组合作，这样便于研究的时候，力量聚焦。

四、准备阶段——用思维导图发散思维

有了选题，仅仅是开始。更重要的是做好研究的多方准备。特别是研究的角度和突破口，需要建立在对研究的问题系统思考的基础上。提高系统思考的能力，最高效的方法是做思维导图。做思维导图之前，需要做以下准备：

第一步，培训组长。教会组长对本组研究话题的提前思考，为组员分工做好充分准备。老师需要根据组长的能力进行有针对性的指导。一部分组长能自己思考出来；一部分组长需要在指导下学会查找资料，寻找思路；一部分组长需要给他提供思路。

第二步，明确程序。明确整个研究过程的步骤：合作探究—汇合完善—

写研究日记—用美篇展示研究报告。每一轮，都需要走过四个程序。

同时，老师要具体指导小组怎么做：1.组长做好分工安排，分配好查资料的主题。2.组员查找资料，并把资料分类做成思维导图交给组长。3.组长进行整合，做成小组思维导图。

第三步，交代注意事项：1.组长要分工明确，对组员进行分工管理。2.组员要齐心协力，查找的资料需要整合。

第四步，分组行动。各个小组开始行动，首先每个组员按照任务，自主查找资料，自己做思维导图。最后小组汇总，做出第一稿思维导图。

第五步，评讲完善。做思维导图的时候，老师根据每个组的具体情况，进行分别指导。第一稿容易出现以下问题：思维导图范围狭窄，查找的资料没有提炼。于是，进行第二轮整改。思维导图是在做中、不断思考中完善。各个小组，根据评讲意见，再次汇聚，进一步提出建议，进行第三轮整改。不断查找资料，完善思维导图。

第六步，写研究型日记。把自己研究的过程和感悟，进行自我反思，汇聚到组长处。

最后，做阶段性报告。老师进行步骤规范，可以按照研究主题、研究班级、分配任务、研究背景、研究过程、研究成果、研究感悟等进行。老师再对阶段性报告进行针对性指导，对格式规范、标点、用词、图片，都要一一指导。如此，为后面的研究打下基础。

五、研究方法实践——调查研究法

学会研究性学习的关键点，是教会学生如何研究。而研究方法，是打开研究性学习的钥匙。

如果说，确定研究主题时，学生是懵懂的状态，而调查研究法，则是为研究性学习撬开一扇门。

1.明确什么是调查研究法

首先，讲解调查研究法的意义。我说："同学们，我们做研究，大家明白为什么做研究吗？研究出来的东西有用吗？"孩子们摇头。

"所以，我们要明确生活中的真实问题，才能真正地把研究做出实效。调查研究法就是有目的、有计划、有系统地去了解实际情况，借以发现存在的问题、探索一定规律而采取的研究方法。"孩子们听得有些懵懂。

我继续说："调查法，包括问卷调查、访谈调查、实地观察法。当然，只有调查，没有研究，也是不行的。我们需要全面调查、抽样调查和典型调查。大家根据自己的需要进行。"孩子们这才稍微明白了些。

2. 教会调查步骤

教会孩子问卷调查的步骤，很有必要。于是，我出示了问卷调查步骤：

明确调查什么，为什么调查，调查的人群。

根据问题收集调查的资料。

确定调查的具体问题。

安排问卷的类型，尽量多一些选择题，少一些问答题，避免调查人不耐烦。

安排问卷的逻辑先后。

注意问卷的版面和排版问题。

设计问卷先内部进行试验，再拿出去调查。

收集问卷结果并分析。

3. 分工做问卷

组里开始根据主题进行问卷设计。设计问卷的过程，就是探究问题的过程。

在设计问卷的过程中，老师要提醒学生考虑调查的范围、问题的设计是否有针对性、问题是否有效等。

大家反复琢磨问卷，设计完成后在组内互相填写，组与组之间互相填写，再发到小区、社区群、朋友圈填写。

4. 教会写调查研究报告

只有调查，而没有研究，是不会有研究成果的。同理，很多孩子只会调查，不会分析，而写调查报告，正好促进了调查研究后的分析。

我和孩子们讲了调查研究报告的基本格式：题目、前言、主体、结尾部分，而重心是主体部分，并对各个部分提出了具体的要求。

调查研究报告写法要求

结构		要求
题目		本次调查的题目
前言		1. 把调查对象的主要情况写在前面 2. 交代调查的目的、方法、原因、背景等 3. 可以直接在前言里陈述问题
主体	调查目的	本次调查为了达到什么目标
	调查对象	调查了哪些人，如实填写
	调查时间	具体是哪一天做的调查
	调查方式	辨别自己的调查方式：问卷调查、访谈调查、实地观察法
	调查内容	设计调查的几个方面，分类别罗列
	调查过程	如何设计问题、如何讨论、如何改进、如何实验的经过，并且有照片印证
	分析结果	1. 可以分别进行分析 2. 可以系统整体分析 3. 注意分析的时候要有条理和逻辑
	调查感悟	用研究日记记录自己的收获，自己的体会，后续研究
结尾		1. 可以呈现作者的观点 2. 说一说愿景 3. 呈现问题 4. 说出建议

5. 修改评讲改进

每个小组做好后，专门进行一一展示，并当众评讲，提出改进意见。

六、研究方法实践——文献研究法

文献研究法是学生做研究性学习，非常直接且必需的一个方法。如此，才能把研究走向深度和高度。学生在准备阶段的时候，查找资料，是停留在感性阶段，而通过文献研究法，学生才真正由感性走向理性，由模糊走向清晰，由懵懂走向科学。

同时，我们要教会学生一个常识：研究成果要做到不侵权。

1. 明晰文献研究法的定义和关键

通过查阅资料,我告诉孩子们:"文献研究法主要指搜集、鉴别、整理文献,并通过对文献的研究形成对事实的科学认识的方法。"

同时,讲明文献研究法的分类:"我们按文献内容加工程度不同可分为一次文献、二次文献、三次文献。一次文献是原始文献,二次文献是经过综合整理后形成的文献,三次文献指经过提炼、综述后的文献。这种研究方法,可以超越时间、空间限制,对久远的事物都能进行研究。"

2. 小组运用:5WHY 法和 5SO 法

如果期待研究进入深度,就需要运用"5WHY 法"和"5SO 法"。

我告诉孩子们:"5WHY 法是把一个问题连续问 5 个为什么,直接找到问题的根本原因。而 5SO 法是连续追问其产生的结果。以此探求这件事对未来产生的影响。它们的区别在于,5WHY 法是向前追溯原因,5SO 法是向后追寻结果。"

我们的主题以前仅仅停留在文献上,而如何能有实质性的研究进展,那需要我们在调查研究的基础上,把主题科学化,找到理论依据,这一步至关重要。

孩子们听得有些蒙,感觉似是而非。我继续说:"同学们,研究的时候,不断地追问为什么,慢慢就会得到自己想要的答案。"

孩子们在原来的基础上经过 5WHY 法运用,清晰了自己需要再查资料的内容。

如果要研究出结果,那就需要用 5SO 法进行探索。孩子们通过这样思考,思维走向了深处。

这是一个是什么—为什么—怎么办的过程。是什么:学生的前期准备是模糊的,所以他就是胡乱查资料,但是他慢慢明晰了是什么;为什么:在问卷中我们能让学生明晰现实中存在的问题,但是还不深入,就用 5WHY 法明晰。怎么做:学生明晰了问题后,就要解决如何做,但是这样做的结果,需要提前用 5SO 法思考。

3. 三次文献研究:注重过程指导

接着,由组长再次分配任务,再次收集资料。我提出新要求:"本次文献研究,需要进行四个步骤:文献收集与整理,这是原始资料;然后文献阅读与摘录,对原始材料进行摘录;接着是文献提炼与综述,这是提炼的过程。

最后，一定要查明文献资料来源并注明。"

因为有了关键点的提醒，孩子们再次收集资料时，就能明白各种文献的区别在哪里。

同时，我对各个组提出要求："针对你们组提出的问题，按照分工找资料，记得这次是解决问题，和第一次找资料不同，保存好各种资料，完善第三稿思维导图。"

第一次思维导图，解决是什么；本次的文献研究法，思维导图走向了全面真实的研究。

4. 书写文献研究法报告

我直接出示文献研究报告的要求：

项目		要求
研究课题		二次课题分析：课题要体现解决问题的倾向
学校班级		重庆兼善中学蔡家校区"吉祥班""笃煜班"
研究成员		参与的成员
研究目标		本次文献研究法，预设需要达到的目标
解决问题		需要最后解决什么问题
研究方法		文献研究法
思维导图		一稿、二稿、三稿、四稿，注意观察自己每一稿不断完善的过程
研究过程	资料分工	本次分工的具体问题罗列出来
	如何讨论	请呈现讨论的具体过程
	原始资料	请把收集的原始资料全部呈现
	整理摘录	在原始资料基础上摘抄重要的内容
	综述提炼	在第二次摘抄基础上再次缩写提炼
	参考文献	请注明具体出处
研究成果		本次文献研究法，你研究出了什么
研究感悟		研究性日记和整体收获

七、研究方法实践——行动研究法

研究性学习的目的，最终是希望学生能形成创造思维，解决实际问题。行动研究法尤为重要。

首先，告诉学生什么是行动研究法。我告诉孩子们："行动研究法就是把实际生活中遇到的问题作为课题，对行动进行研究，以研究促进行动。其实就是我们不能停留在纸上谈兵的阶段，还应该真正地用于实践，在实践中探究。"

然后，给出具体步骤。我告诉孩子们，行动研究法就是一个螺旋式的不断地在问题中想办法，再把办法在实践中进行反思，实践——反思——实践——反思的研究方法。这样螺旋式上升的具体步骤是：发现问题——设计方案——行动实施——总结反思——提出报告。

最后，给出行动研究报告的格式。

研究主题	是什么主题就填写什么
研究成员	这一次是个体，每个人自己去探究实践
研究方法	行动研究法
发现问题	在研究中，你觉得自己迫切需要解决的问题
设计方案	要有步骤性的方案
行动实施	行动的过程详细记录
总评结果	最后成功与否不评价，只记录
反思经验	反思自己做得成功的地方和失败的原因
研究感悟	你的想法和愿景

因为有了行动研究法，学生基本明白：研究性学习，能够运用于实际。

当然，研究法还有很多，我还简单地和孩子们介绍了其他研究法：观察法、案例法等。

八、成果展示和评议：多种评价方式

研究性学习的目的，是让学生养成深度思考的思维，同时能过上高品质的学习生活。研究性学习的意义在于通过研究、整理、总结、归纳，最后有一定的研究成果，让学生明白，研究的目的是提升和改变生活状态。所以，为了形成成果，我们做了以下几个步骤。

1. 写结题研究报告

最后的研究性报告，是整个过程的总结和深度反思。因为有了前面每一个阶段的报告,所以写结题报告就显得比较轻松,但是要在原来的基础上深化提升。最好的办法就是给出范例,并把要求具体化。其中需要交代具体的要素:

（1）做了什么:研究题目。（2）是谁做的（研究成员）。（3）为什么做（研究目的、意义、来源）。（4）怎么做的（研究过程的三个阶段:准备阶段、实验阶段、总结阶段）。（5）做得怎么样（研究的成效和成果）。（6）做的得与失（研究感悟）。（7）参考文献（注明资料来源）。

孩子们面临的难点是:研究过程的具体化阐述,研究成果的呈现,研究感悟的深刻,以及需要注意的问题。

2. 开研究成果展示会和答辩会

研究成果的展示可以增加孩子们的自豪感。展示研究成果是必需的步骤。

我们要求孩子们把研究成果做成 PPT,由每个组选出同学担任评委。具体方式是:每个组演讲三分钟,评委提出三个问题,研究成员进行答辩,最后由评委给出 A、B、C、D 等级。

我出示了展示标准:

1. 规范:研究的程序完整、系统,设计上规范并符合逻辑。

2. 科学:研究的课题有价值,并且研究出来的东西科学、真实、合理。

3. 提升:能从以前的基础上看到研究者明显的思维系统的提升。

4. 创意:研究出来的结果有新意,是别人所没有研究出来的。

5. 答辩:内容能准备清楚,有重点条理清晰地回答问题,能从答辩中看到研究的干货。

6. PPT 美观,风格一致,能看出条理,并且字体大小合适,图片能证明材料。

展示的过程,锻炼了同学们的表达能力;提问的同学,锻炼了他们的思辨能力。

3. 留下纪念:做电子书刊

为了把这段旅程变成美好的回忆,我提议,把所有走过的历程制作成电子书,配以音乐,永远保存。

我出示电子书的标准：

1. 有吸引人的题目。
2. 有美丽的封面。
3. 目录清晰。
4. 内容充实。
5. 设计新颖，音乐、图文并茂。
6. 复盘反思：留下经验。
7. 复盘整个过程。

最后，我们把整个过程进行了一次复盘，从回顾过程、团队合作、研究方式、研究深入、研究成果等方面进行了分类反思，思考哪里做得比较成功，哪里还不足。最后，提出一个假设：如果再给我一次机会，我会怎么做，并用日记的形式表达出来。

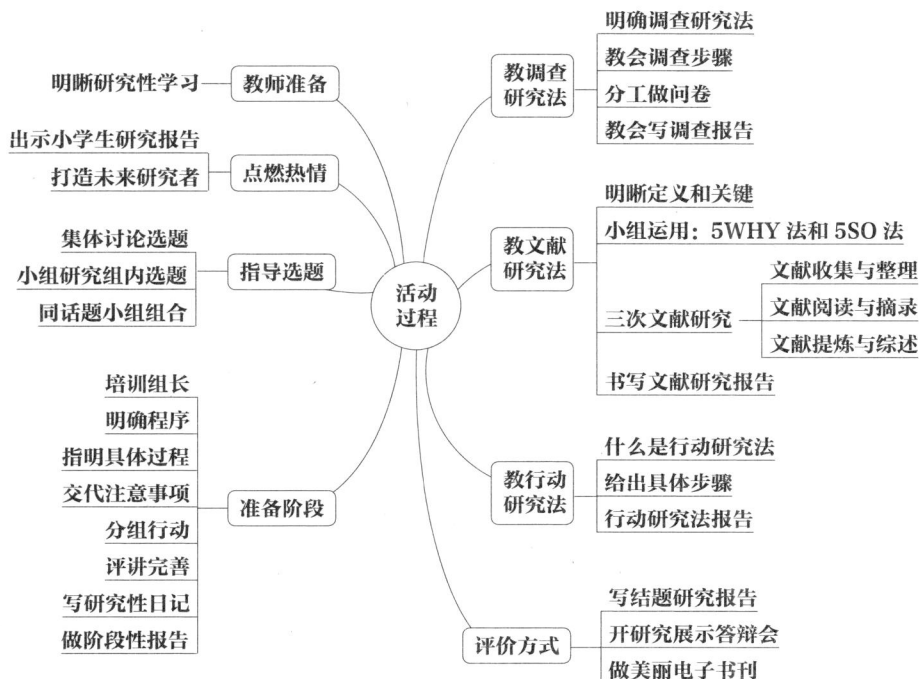

思考碰撞

在开展研究性学习的过程中,需要注意几个方面:第一,教师指导不能少。老师需要关注学生出现的问题,及时指导,才有利于研究的深刻。第二,层层递进有铺垫。做研究性学习,需要由浅入深,逐步加深难度,有铺垫,有训练,才能累积进步。第三,小组合作很重要。在研究过程中,组员与组员的配合需要老师不断引导。第四,评价反思是必需。评价反思有利于不断总结,不断思考,如此,才能把研究性学习引向高度。一次研究性学习,不仅锻炼了孩子们的思维能力,改进了学习方法,同时提升了解决问题的能力,并促进了团队合作能力,更为重要的是,提升了孩子们的精神品位。有意识地培养孩子们去了解一种高品质的学术生活很有必要。

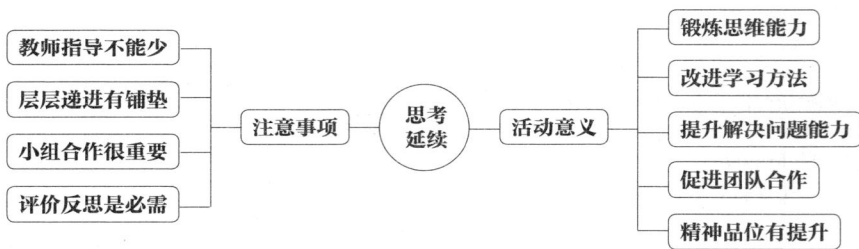

教师指导不能少
层层递进有铺垫
小组合作很重要 ── 注意事项 ── 思考延续 ── 活动意义
评价反思是必需

锻炼思维能力
改进学习方法
提升解决问题能力
促进团队合作
精神品位有提升

第七章

阅读活动：阅读是最好的名片

31. 阅读开启
——用一封信打开一扇窗

活动案例

▲ 活动背景

教育就是人的教育，孩子的青春年华是一段美丽的旅程，我们有责任让孩子在初中三年看到未来和远方。阅读是造就孩子更好的未来的重要方式。所以，初中三年，我们将把阅读贯穿始终，让阅读变成习惯。为了让孩子们能主动阅读，我们用一封信开启了阅读之旅。

亲爱的同学们：

在初中的三年里，你希望过一种什么样的生活？是为了升学而奔波、陷入题海战术，还是希望提升自己的灵魂高度？人的精神世界的分水岭，就是一个人阅读的高度和一个人阅读的广度！这三年，我们期待阅读能陪伴大家走过青葱岁月，让阅读成为我们生活的主旋律。

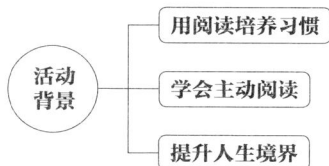

活动背景 ——— 用阅读培养习惯
        ——— 学会主动阅读
        ——— 提升人生境界

一、阅读能让人生变得从容

朱永新老师说过："如果一个孩子，十多年的教育历程中，没有养成阅读的兴趣和习惯，一旦离开校园，就容易把书本丢弃在一边。这样的教育，一定是失败的。相反，一个孩子的成绩普普通通，但对阅读养成了浓厚的兴趣，养成了终身学习和阅读的习惯，他的未来，一定比考高分的孩子走得更远。"

一个喜欢阅读的孩子，即使成绩不是特别优秀，但是，他也会是一个有前途的孩子。一个喜欢阅读的孩子，人生永远不孤独。

阅读，是和许多高尚的人交朋友。当他遇到失败时，他懂得用阅读来调整自己；当他成功时，他懂得用阅读作清醒剂；当他迷茫时，他懂得用阅读作为指路灯。这就是阅读的力量！

所以，阅读是最好的营养品。喜欢阅读的人，会有梦里听花落的感性，也有不失冷静沉着的理性；既有浪漫的温润，也有坚韧的风骨。喜欢阅读的人，永远是充满诗意的人！

二、阅读什么样的书很重要

一个人看什么样的书就能反映他有怎样的内心世界。读什么样的书，就代表一个人有什么样的品位。因此，看一个人，看他的书架就可以了。

书籍，有优秀的书籍和不健康的书籍。好的书籍是营养品，读了，如饮甘露；不好的书籍读了是饮鸩止渴。如果你读不健康的书，也许会提高一点点语文成绩，但是，损失的却是一个人面对现实的勇气与追求，损失的将是整个自我。所以，喜欢读书，更需要读好书。这样情感才更健康，思想才更丰富，生活才更高级。

愿孩子们，能够在这三年跟随我一起遨游书的海洋，一起感受书籍的曼妙！让阅读变得和呼吸一样自然，成为我们生命中不可或缺的风景！

三、了解班级读书计划

读书，我们要个人阅读和集体阅读结合。所以，了解班级整体读书计划，尤为重要。

读书目标：

把读书变成习惯，用读书引领人生。

读书途径：

老师示范，家长参与，学生坚持。

读书策略：

注重整体的规划，着重平时的落实，引导读书的方法，点燃读书的热情，激发读书的能量。

具体实施：

1. 注重三年整体规划，将孩子的精神发展和年龄特征相互结合。

2. 着重平时的每天坚持，将学校的图书馆和班级的书吧相互结合。

3. 假期是提升孩子的重要时间段，把读书的热情一直延续下去。

4. 将必读书目和自选书目相互结合，既照顾整体安排，也考虑学生的个性需要。

5. 书香假期，以每个下学期的书目作为蓝本，用班级ＱＱ群进行交流，每周五展示，以一个假期作为考核周期。

三年阅读规划活动

阶段目标	活动
第一学期：读书兴趣培养 1. 必读：汪国真诗歌 2. 扩读：各种各国诗歌 3. 自选书籍和书吧自选	1. 每日一首汪国真诗歌朗读和听写 2. 诗歌考级大赛——诗歌记忆 3. 诗歌鉴赏大赛——诗歌理解 4. 诗歌仿写大赛——诗歌化用 5. 华山论诗——各类诗歌比较

阶段目标	活动
第二学期：读书笔记交流 1. 必读：史铁生作品 2. 扩读：各类叙事作品	1. 每日——片段交流读后感 2. 读书笔记指导——各类读书笔记 3. 评选读书笔记——我的笔记我做主 4. 读书笔记展览——全员参与 5. 读书推荐会——初级目标 6. 读书推荐会——中级目标 7. 读书推荐会——高级目标
第三学期：写作交流 1. 必读：余秋雨作品 2. 扩读：各类散文 3. 自选：自己兴趣	1. 每日——随笔交流 2. 引用文章词句写作指导——基础版 3. 化用文章词句写作交流——中级版 4. 文章立意思考写作交流——高级版 5. 创新写作交流——升华版
第四学期：主题式阅读：爱 1. 必读：路遥《平凡的世界》 2. 扩读：有关爱的经典作品 3. 自选：其他作品	以《平凡的世界》为主题 1. 男生课程——如果选丈夫，会选谁？ 2. 女生课程——如果选妻子，会选谁？ 3. 如何对待爱——文学作品中的爱大家谈 4. 我们如何对待爱——文学与人生的不同 5. 人生追求——比爱更重要的是什么？
第五学期：励志 1. 必读：俞敏洪作品 2. 扩读：励志作品 3. 选读其他作品	1. 励志课程——能量朗读 2. 一句话背诵——励志作品 3. 一段话赏析——联系作品 4. 一篇文鉴赏——联系自己
第六学期：理想 1. 必读：三国演义 2. 扩读：其他名著 3. 选读其他作品	1. 名著作品名——我来猜一猜 2. 诗歌大联欢——中考诗歌背诵 3. 文学作品理解——你出题，我来评 4. 我的读书之旅——人生影响最大的书

　　亲爱的同学们，阅读是一种生活方式，一种人生方式，更是一种信仰。相信阅读，能让我们的生活如诗如画般耐人寻味；如歌如曲般生机灿烂；如茶如酒般醇香悠远！

```
                                                          变成习惯
                                              读书目标
                                                          引领人生

   喜欢阅读有境界                                           老师示范
   喜欢阅读不孤单      让人生                  读书途径       家长参与
   喜欢阅读有诗意      更从容                               学生坚持

                        活动                                整体规划
                        过程      读书计划                  平时落实
                                                           引导方法
                                              读书策略       点燃热情
   如饮甘露—健康书籍                                        持续跟进
   饮鸩止渴—不健康书籍   选择书籍
                                              规划活动 — 三年规划
```

思考碰撞

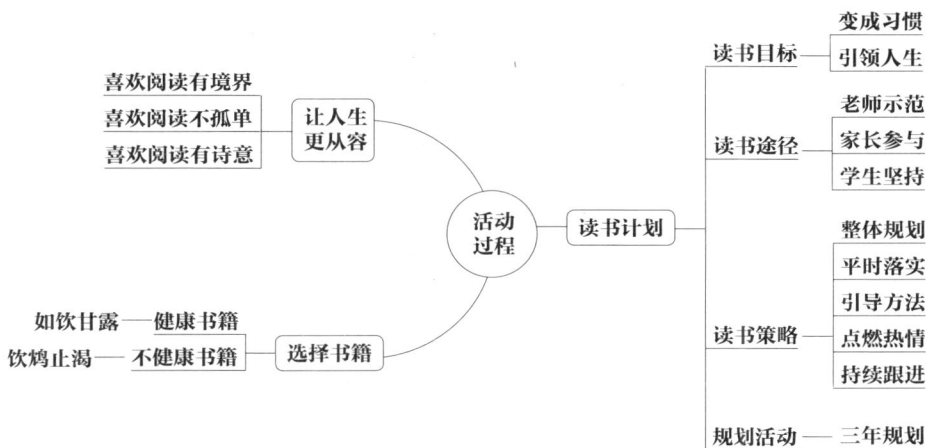

　　阅读，重在激发学生的阅读欲望。没有兴趣的阅读，是低效的阅读；没有情感的阅读，是无效的阅读。唤起欲望，从主动阅读开始。一本好书就是一个朋友，净化心灵，陶冶情操，因此，选择好书，从善而行也至关重要。阅读还需要有方法有计划，有方法，才能事半功倍；有计划，才能层层推进。

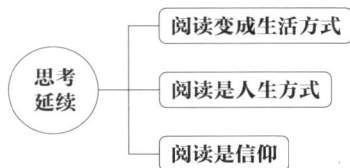

```
              阅读变成生活方式

   思考
   延续         阅读是人生方式

              阅读是信仰
```

32. 图书推介
——开展图书资源共享活动

活动案例

▲ 活动背景

随着数字化浪潮的到来，丰富的数字化信息冲击着纸质书阅读。为了让同学们能够广泛了解优秀的作品，利用同伴的力量互相影响，形成好读书、读好书的氛围，我们开展了图书资源共享活动。

▲ 活动过程

一、立场——应该推介什么样的书

孩子们问："我们应该从哪些角度去做图书推介呢？"我给了孩子们一个基本框架：可以从书名、作者介绍、内容介绍、精彩亮点等方面推介。最好用 PPT 的形式来展示。

推介会开始了，第一个上台的孩子介绍的是网络小说。我说："同学们，不是老师不要大家看网络小说，这些网络小说会以一些肤浅的东西夺了你们的眼球，继而会迷失你们的内心。损失的是，你们面对现实的勇气与追求，损失的是，整个自我。"

我顿了顿，继续说："我希望，你们是活在现实世界里，健康活泼向上的孩子。因为，读好书，可以使情感更健康，思想更丰富，生活更和谐！读经典的好书，能让一个人的思想更深邃。所以，对不起，在这一点上，我的态度很坚定，不能推荐网络小说。"

孩子悻悻地笑了笑，不好意思起来。我悄悄地走到他的身旁，说："对不起，在选书这一点上，老师态度很明确的。"

"理解着呢！老师！"孩子摆摆手，笑得那么明朗！

于是，我们进行了"好书标准"讨论，制定的好书标准是：1. 正能量。有正确的价值观。2. 有收获。读了之后能收获到自己想要的东西。3. 能启迪。能引发我们内心的思索。4. 有深度。能够看到深处的东西。5. 提境界。不能让人越看越颓废。

二、互动——让推荐发生共鸣

张星上场了，他按照书名、作者简介、内容，一丝不苟地用 PPT 展示。看来孩子们对推介会的理解还不够。我继续引导道："孩子们，请问什么是推介会？"

"推荐书呀！"同学们回答道。

"对呀，推荐书是要让别人都愿意去买，那么，你就成功了！"

"那怎样才会让大家想买呢？"孩子们睁大眼睛看着我。

"我们可以把自己当作一个推销员，推销员需要了解每一个顾客的需要，并且抓住他的心理，找到顾客与书的契合点。所以，我们的图书推介重点是这本书的亮点，如果让大家都迫不及待想一睹为快，那么，你就是一个成功的推销员！"

接着，李金龙上台，这个孩子是班级的开心果，一上台就妙语连珠："各位，谁明白'废柴'的意思？"同学们不解地摇摇头，

李金龙马上变得严肃起来："'废柴'他们有梦想，但是却离梦想很远，他们会很努力，有时候却因方法不对，导致南辕北辙。我本身就是一个'废柴'，所以我今天要推荐的书名字叫作《废柴兄弟》。"班上一阵哄笑。"这本书的作者是一个小说家，他的网名叫作'有时右逝'。他的作品很多并屡获好评，《废柴兄弟》不是单纯的开嘴炮卖贫，也不是纯粹的恶搞逗乐观众，

而是要把正能量与欢乐拧在一起《废材兄弟》在娱乐观众的同时也为广大'废柴'青年带来了正能量。"李金龙停顿了一下,然后又说,"同时,张嘉佳也对'有时右逝'的作品表示了极大的称赞。他说道,'每个人都有无限的可能性,愿你们实现更多'。这就是我要推荐的书。"顿时教室里响起一阵雷鸣般的掌声。

接下来,孩子们有的幽默地说;有的深刻地说;有的情节化地说;还有的散文化地说……在无形中,孩子们已经学会怎样推介图书。

值得开心的是,好多同学推介的书,被同学喜欢,但少部分同学推介的书,却无人问津。

最后,我和同学们一起总结了后者的原因:1. 书名要么过于陌生,要么过于熟悉。2. 推荐的时间过长,没有讲到重点。3. 推介书的时候,语言不够吸引同学。4. 对书籍的了解不够,介绍的时候语言干瘪。

三、坚持——将推介做成常态

每一次阅读活动,只是推动孩子阅读的一个契机,而真正要将阅读深入骨髓,变成一种习惯和兴趣,就需要把推介会做成常态。

每天语文课前5分钟,都安排一位同学推介图书。让孩子们每天都能接受新的图书信息,从而,在班级形成品位不俗的读书氛围。

有一次,杨玉玲一次就介绍了三本书:

"我要推荐三位作家的作品。一个是林清玄写的散文,一个是张小娴写的散文,另一个是余华写的小说。

"林清玄是我最喜欢的一位作家,他的文章能洗净尘世的心,给我心灵上的鼓舞,而且他的文章适合每一个人看,不局限于学生、大人、老人,任何年龄段的人都可以看,并且有不同的感悟。他的文章带有灵性,有许多人生的哲理启发,让我内心得到成长。我在看了他的文章后,明白了很多,感触颇深,没有那么浮躁了。他真的是大师风范,他的活法比很多人都要有价值、有意义,我是崇拜他的,也想成为他那种人。

"张小娴的文章主要是谈爱情,她就是我们的爱情导师。所有将会拥有爱情、已拥有爱情或已失去爱情的人，都要看看她的作品。她对爱情的看法及理解都值得我们去学习。看了她的书，会明白到底什么是爱情，正确对待爱情，也就不会再难受伤心了，看她的书就是在治疗爱情所带来的伤。

"余华的小说反映真实的情感，很朴实。我看过他的《活着》《兄弟》，《兄弟》我是看哭了，不知道为什么，就是觉得很感动。许多人和事仿佛是上天早就安排好的一样。当我看到李光头捡破烂，而宋刚每天中午把自己的一半午饭给李光头时，我哭了；当看到宋刚为了妻子，而与李光头要再无往来时，我哭了；看着他们从小到大的兄弟情谊，我哭了。我是一个容易被感动的人，看余华写的小说，我总能与现实结合起来，这样体会更加深刻，对于现实生活中想不通、不明所以的、不美好的甚至荒谬的事情也看得平常了，想得淡了，人生不就是如此吗？

"我所推荐的这三位作家的文章，都是在我的心中有深刻记忆，对我有深刻影响的优秀作品。"

看，在网络阅读和快餐阅读盛行的情况下，我们的读书推介会却让我们的经典和正能量的纸质阅读形成了常态。

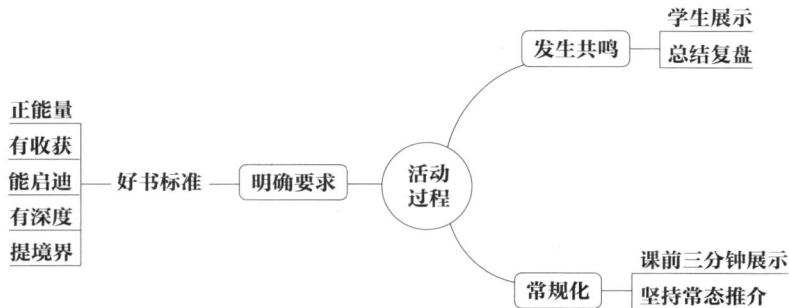

正能量
有收获
能启迪 —— 好书标准 —— 明确要求 —— 活动过程 —— 发生共鸣 —— 学生展示 / 总结复盘
有深度
提境界

活动过程 —— 常规化 —— 课前三分钟展示 / 坚持常态推介

思考碰撞

当我们把读书推介做成常态时，班级的阅读就变得丰富而健康，同时，推动了班级良性阅读氛围的养成，读书也变成一种修炼。

33. 阅读评价
——三阶梯阅读多维考核

活动案例

▲ 活动背景

阅读的提升，需要评价评定。这样才能为过程性的阅读管理增加能量和动力，而考核的阶梯式递进提升，能不断地给阅读增加趣味。

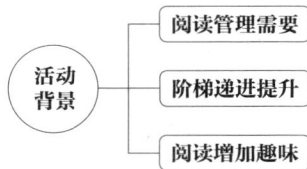

```
        ┌─ 阅读管理需要
  活动  │
  背景  ├─ 阶梯递进提升
        │
        └─ 阅读增加趣味
```

▲ 活动过程

一、初级考核——阅读考级赛

班级的名著阅读，首先要解决词句的问题。我们如何做的呢？用小组考级代替单枪匹马的"单打独斗"。以阅读中的句子为单位，进行了"班级阅读考级赛"。

以背流利为标准

我们以每个小组为单位，每组推选一个人出来，进行比赛。以流利为标准，看谁记的句子数目多。

考级标准

项目	标准	评价	评价人
内容	内容正确，不读错字，不添字，不掉字		
流利	口齿清晰，流利顺畅，断句合理，停顿不超过 5 秒		
仪态	自然端庄，服装整洁大方，上下场有礼貌		
表情	声情并茂，感情充沛		

每个组的同学都是裁判，根据考级标准，进行背诵考级。如果参赛代表发生不流利的现象，那么，全班集体数"5、4、3、2、1"，如果孩子不能及时接连上句子，那么，这个同学的考级宣告结束。

举行考级赛的时候，整个场面热火朝天。参加的同学仔细而冷静，大家一边在脑海里过滤，一边思考着。而计数的同学们更是仔细，大家侧着耳朵认真听着，小心记着。

大家的心都随着参赛选手的考级而起伏跌宕着。

1. 以一分钟为界限

考级的方式，我们不能一成不变，而是需要不断更替。做完一轮以流利为标准的"句子考级"，接着，我们进行了以"一分钟"为界限的考级，也就是给每个孩子一分钟的时间，看背的句子个数的多与少。

在这种紧张的氛围中，每一个同学的心都提到嗓子眼了。看，曹琨同学抓紧时间，全神贯注，所有的心思都在背书上面；诗怡同学在一分钟内背得手舞足蹈；子涵不好意思站起来，计时器不等人，一分钟一溜烟地跑了；班级的同学很是宽容，同意明天再给她机会，重新来一次。子涵也格外珍惜机会，抱着头，一头扎进了背句子之中。

通过一分钟背句子，加强了大家对句子语感和敏锐程度的把握。

2. 小组接龙比赛

我们以小组为单位，进行小组接龙。规则是，每一个人一句话，小组哪个人接错或者接不上，算本组失败。最后，小组接龙句子数目最多的，就为胜利方。

我们采用的是一组背，其他组进行监督的方式。在接龙的途中，同学们对规则越来越严格。"青青草原组"上去接龙，下面的同学侧耳倾听。

"人生是一场没有终点的尽头。"下面的云渊组开始吼起来："这个只能算半句正确吗？"于是大家开始商量：以句号算一个句子，半句的一律不算。

"心有灵犀组"上台参赛的时候，一名选手一句。在紧张的氛围中，下面的同学们更是仔细倾听。一听到参赛选手有背错的地方，裁判马上说："这个背得不正确，就不应该算。"大家点头称是。

到了显扬了，只听他挤出一句话："辛酸的眼泪是培养你心灵的琼浆。"下面的钟鹏立刻说："不是'琼浆'，而是'酒浆'。"很遗憾，这个组宣告失败，大家只好悻悻地走下台。

"坚强不息"组上台了，一个孩子语塞，全班激动地喊着"5、4、3、2、1"，时间到，全组只能宣告失败。

比赛结束的时候，由于规则不够严密，孩子们共同商量，一致决定：小组接龙比赛重新再来。大家还再次拟定了比赛规则：

1. 全组都要参与。每个组员都要参加句子背诵，如果有一个人没有接上，那么大家就喊"5、4、3、2、1"后，宣布本组失败。最后以背的数目最多者为赢。

2. 所背诵的句子必须是完整的一个句子。

3. 所背的句子不能有错误，漏背、错背，一律算失败。

二、中级展示——周读书自助汇

为了检验一周的读书效果，我们每周进行一次读书汇聚活动。

1. 准备充分而完整

首先，提前布置任务。每周周末，我们提前布置：请同学们周末回去做好准备，参加一周的读书交流活动。这一周你看了什么就交流什么。同时，提出具体要求。我说："可以准备 PPT，也可以用报纸的形式，最好能够形式创新，主题明确。要么是一篇文章的分享，要么是写作手法的分享，要么是群文阅读的分享。做什么事情都要有严谨认真的态度。"

可是，当我周一检查的时候，发现有的孩子根本不认真，没有重视这件事。于是我留出时间给他们准备。周二，有的孩子同样没有重视，看着孩子们如此散漫，我斩钉截铁地说："今天晚上，我检查一个，过关一个，走一个。"

晚上，我守在教室，一个个检查通过，过关标准就是：认真、主题明确、形式新颖。没有过的回去再继续完善。

有了具体的标准，任务更能高效完成。

2. 完善评分标准和方案

"一周读书自助汇"就这样紧锣密鼓地准备着。我解释了"一周读书自助汇"的意思。"一周"给出了时间，"读书"给出了内容，"自助"表明了活动的形式，"汇"是"汇聚"，就是一次"相聚，总结"。

然后，我给出了评分标准：

（1）首先是"三精"。精彩，内容精彩；精美：语言优美有文采，精练：语言精准简练，富有哲理性，（2分）

（2）有所收获。让大家能有所得。（2分）

（3）形式创新。形式上不落俗套。（2分）

（4）准备充分。能对各方面进行预设。（2分）

（5）脱稿展示。上台不拿稿子。（2分）

总分一共10分，根据每一个项目进行打分，简单又容易操作。

最后，给出程序。先初评，同桌两个人按照评分标准进行互评。然后，小组内部互相交流，按照评分标准进行打分。最后，推选出一名选手到班级进行交流。

每一次的班级交流，都不一样，每一个同学都有上台展示的机会。可是问题又来了：如何让代表小组的同学层次一样呢？

这需要每一次都给出展示的标准。有时候是"分数最高的同学"；有时候是"文采最好的同学"；有时候是"需要改进的同学"。这样就可以层次一致，真正比赛的时候，更有针对性。

三、 高阶比赛——趣味阅读混合高端比赛

真正能让阅读走进学生的心门，需要同伴的力量。

接下来，我们进行"趣味阅读混合高端赛"，"混合高端赛"包括"诗歌朗读者""美文圣殿""剧本演绎""演讲比赛"。

以"我爱读书口才赛"为例，它让真正热爱读书的孩子能够起到带头作用。仅仅演讲一番不够，怎么办？

1. 学生当评委首当其冲

每个组选出最爱读书的两名同学，然后，每组再推选两名同学做评委。评委选出后，接着是培训。宣布做评委的原则和做评委的职责。

评委原则：公平、公正、严肃、认真、不偏不倚、一视同仁

评委职责：

（1）坚持原则。不因为亲疏关系故意评分太高或者压低分数。

（2）严格公正。按照评分标准打分，不擅自定分数。不能因为不好意思而不拉开分数差距。

（3）遵守纪律。不擅自修改评分标准。

（4）互相学习。评委之间互相学习，互相支持。

（5）严守岗位。评分过程不要擅自离场。

（6）和善坚定。如果有同学不服气，就从正面进行引导和解释。敢于和不良行为作斗争。

（7）卷面整洁。按时交评分，并保持评分表的整洁干净。

"我爱读书"演讲评分标准：

选手：   题目：

项目	标准	总分	得分
内容	围绕阅读展开	2分	
准备	脱稿演讲，准备充分	2分	
仪态	仪态端庄，服装整洁大方	2分	

项目	标准	总分	得分
感染力	能感染大家，印象深刻	2分	
形式	新颖独特，形式创新	2分	
时间	时间不超过3分钟	2分	
总分			

为什么把评分标准制定得简单？因为，越是简单，评委们操作越容易，越简单方便。

2. 校长发聘书增加分量

接着，我们把比赛场第一排设定为评委席。

孩子们正襟危坐，第一次在如此庄严的场合担任评委，不免有些兴奋。每一个评委的位置都慎重地放着"评委牌"。每一个牌子上，赫然印着小评委的名字，给孩子们增加了几分神圣的感觉。

同时，我们还邀请了校长，校长给孩子们宣讲了读书的重要性和读书的好处。接着是非常有仪式感的评委聘书颁发，校长庄严地念着："袁飞同学，因为你工作认真，有原则性，特聘请你为活动评委。愿你能认真负责，勇于承担。"

我们校长是一个谦逊、懂礼仪的绅士。当孩子接过聘书，互相鞠躬的那一刻，台上台下的孩子都为之震撼。台下的孩子投去了艳羡的目光，台上的孩子脸上洋溢着幸福的光彩，这一切，都是一种无言的熏陶。

3. 代表激情比赛熏陶引领

主持人宣布了评分标准后，大家期待的激情演讲开始了。

王毅同学谈了读书的四重境界，引起了大家深深的思索。一个同学完毕，评分团去掉一个最高分，去掉一个最低分，算出分数，一切井然有序。

接着第二位选手上场，谈了自己接触书籍的感受："读书是成功的必经之路，在这条路上，没有捷径只有艰辛。你可以为了丰富阅历去读，也可以为了收集字词去读，甚至只是为了满足阅读兴趣去读。不过，在你读完之后，你要学会总结，总结自己花了这么多时间究竟读到了什么，而这些又能帮助你什么。然后，你就会发现，自己平凡的人生，因为有了这些书的点缀，添上了点睛之笔，生活变得多姿多彩，心灵的窗户被缓缓推开。"当第二位选手比赛完，第一位选手分数宣布。下面的观众，认真专注地听着，也在心里为每一位选手打分。

比赛还在继续进行着，有的谈了广义的读书；有的谈了狭义的读书；有的谈了读书的意义；有的谈了不读书的危害；有的慷慨激昂大江东去；有的娓娓道来小溪潺潺；每个选手都有自己独到的一面，充分展现了自己对读书的领悟。

比赛最后，两位选手以同样高的分数赢得了本次比赛的特等奖。孩子们在惊诧之余，已经知道了读书的重要性，同伴的影响也在潜移默化中发生着作用。正如一名学生所说："这次活动为我打开一扇窗，读一本好书，我就交了一个好朋友。原来人的内涵来自高雅有品位的书。"

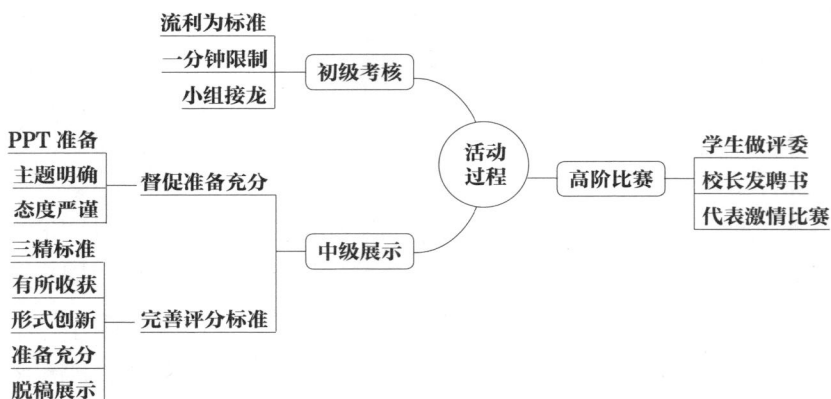

思考碰撞

通过三阶梯考核后，学生的阅读明显落实到了实处，真正做到用阅读来充实自己，丰富自己！三阶梯考核仅仅是促进阅读的一种形式，而更为重要的是，它把阅读变成了一种深以为然的习惯，滋养着我们生命的每一天。

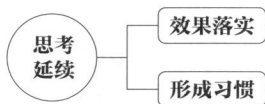

第八章

期末复习：点燃期末一把火

34. 复习动力挖掘

——期末"非常5+1"

活动案例

▲ 活动背景

　　期末阶段，孩子们的复习会陷入一种疲软的状态，如何提升孩子们复习的热情和效率呢？我班进行了一个期末复习"非常5+1"的活动，五个环节分别是：上课复习、课后疑难、作业质量、复习时间、复习方法加一个"非一般"的方法，给孩子们"非一般"的体验。

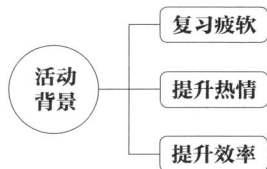

▲ 活动过程

一、上课——私人定制抽签发言会

　　为了鼓励大家上复习课的积极性，我们进行抽签发言。签是私人专属签。

　　第一步，引发好奇。做签之前，我故意吊起孩子们的胃口："复习阶段，我们准备给大家做算命签，算一下大家是否能在期末考好？"一听算命，孩子们都来了劲，一个劲地问："老师，做什么签？"

"大家的专属签啊，每个同学，要书写一句鼓励自己的励志语。"我回答道。

"好。"大家纷纷表示赞同。

第二步，书写励志语。励志语书写开始，有的是诗意表达："将来的你，会感谢现在努力的自己。"有的目标明确："期末考试成绩必须三个 A。"有的是激情式激励："为了成功，努力！"

第三步，设计格式。书写完毕后，我们开始设计签的格式：把签分作两个部分——一面书写孩子的名字和班名，一面书写孩子的私人励志语。再精致地做了一个抽签桶：上面俨然印着班徽，还有我们的班训：一心一意方能超越，持之以恒方能卓越。

第四步，等待做签。我们在网上定制，在漫长的等待后，"私人签"惊艳地展现在大家的眼前。

第五步，拍照留念。孩子们拿着手里的签，高兴得手舞足蹈。大家纷纷提议："老师，我们去拍照留念。"孩子们抚摸着手里的私人签，俨然拿着一个宝贝一样，大家兴奋地摆着姿势，诠释着"期末"的独特快乐。

第六步，开始抽签。上课时分，我们开始抽签。

我宣布："今天我们开始抽签，抽到谁，谁就发言。"孩子们带着惊喜，也带着忐忑，既想抽中自己，又害怕自己被抽中。

"艺丹。"我叫着抽到的名字。

"哇。"全班一阵惊呼。

"请问这句古文的翻译是什么？"我提问。

孩子流利地说出答案。她发言完毕，大家开始期待下一轮抽签。

"这一次，谁来抽？"我微笑着环视着四周。

"老师，我来！""我来！"踊跃的声音此起彼伏。

"请今天听写满分的同学来抽。"我大声喊道，无形中又把榜样树立起来。

"老师，让第一名宜鑫来抽。"孩子们推荐道。稳重的陈宜鑫也抑制不住内心的狂喜，颤抖着手开始抽签，全班的目光都集中在签上。

"吴于。"宜鑫惊叫着。教室里唏嘘声，遗憾声，不绝于耳。以前上课是害怕叫到自己，现在是期待自己发言。

整个课堂热潮一浪高过一浪，随着抽签的次数增多，大家学习的热情也是一浪高过一浪，整个课堂变得了欢乐的海洋。

二、疑难————问题讲题交易会

临近期末，如何鼓励孩子们查漏补缺呢？我们进行了"问题讲题交易会"。

"学习金字塔"理论图说："不同的学习方式带来不同的学习效果，用耳朵听讲授，知识保留5%；用眼去阅读，知识保留10%；视听结合，知识保留20%；用演示的办法，知识保留30%；分组讨论法，知识保留50%；练习操作实践，知识保留75%；教授给别人，知识保留90%。"所以最有效的学习方式是"讲出来"。

那么我们如何进行"问题讲题交易会"呢？

首先定制了独特的"复习币"。用班级的"好问之星""优秀小老师"的图片作为背景，制作"复习币"。5元一张，并且特别指定"笃煜银行专用"。

接着，制定"生意规则"。"班上每个同学保底10元复习币，如果我们为别人讲一道题，就挣复习币5元。同时我们问别人一道题，给别人5元。"如此，复习币正常流通。

同时，我们规定，拿到自己手里的复习币，要写上自己的名字。为什么呢？当我们进行汇总的时候，能清楚地知道这张复习币流通到哪些同学的手里，也能清晰地明白，是不是真实地在讲题。

刚开始，有的同学只问不讲，不久，手里的复习币就捉襟见肘；有的只讲不问，那么，自己的复习币也无法流通。于是，我们又出台新政策：允许"贷款"，但要在规定时间内还"钱"，并支付相应利息。

运行一段时间，通过统计，我们发现：有的同学既在问问题，也在给别人讲题，复习币运行自如；有的故步自封，不问也不讲，可是一天没有流通，是有一定的惩罚的，我们会将把复习币收回，作为"笃煜银行"公家财产。如此，天天清理，天天表扬，挣得多的同学，班币5元换一个小礼品，从而保证了后续的评价运行。

三、作业——模范作业打造场

复习阶段，由于各个科目作业轮番轰炸，有的孩子作业开始马虎，那么怎么能保证周末作业的质量呢？

每个周末特别打造一批"模范作业"，其他孩子将以这批作业为范本，自查的作业。

每到周末，我们提前在群里出示模范作业名单。第一周，最优秀的同学的作业名单，第二周，需要改进作业的名单，第三周，需要打磨作业的同学名单。我提前在群里发出海报：

> 号外！号外！本周的模范作业打造计划新鲜出炉：
>
> 廖晋浩、许艺单、舒露、罗艺、杨星宇、黄曦蕊、胡胜华、雷振、李福润、谭诗颖、李静怡、杨心语、贺筱茹、程钰霖、郑涵升、秦睿、程星源、谭彦彤、王锦瑞、徐天旗、唐欣怡、刘浩然、龚新宇、刘嘉欣、余杰、肖虹麒。
>
> 以上同学是本周模范作业打造对象，请及时在周六晚上之前把模范作业发群里。

我把消息在群里滚动播放，并私发给孩子父母。同时，和家长沟通："第一，把作业作为模范作业打造，孩子会高兴的。第二，模范作业，是拿来给其他孩子作为自查作业的标准的。所以孩子会更加认真。第三，模范作业，需要早点完成，避免周末作业拖拉。"家长们纷纷赞同。

果然，孩子们听说自己的作业是"模范作业"，便争分夺秒抓紧时间，仔细认真查找资料，谨慎地检查，生怕自己的作业会出什么意外。

周六的傍晚，大家纷纷开始发出自己的作业，并在群里接龙：

本周已全部完成作业的名单：

1. 杨心语（周六 19：30）

2. 贺筱茹（周六 19：33）

3. 陈　鹏（周六 19：35）

4. 肖虹麒（周六 19：52）

5. 唐欣怡（周六 20：03）

6. 李静怡（周六 20：06）

7. 廖晋浩（周六 20：13）

8. 李福润（周六 19：50）

9. 许艺单（周六 20：10）

10. 谭诗颖（周六 19：49）

……

为什么这份名单需要家长发出来呢？给家长加一份责任。家长愿意接龙，说明他们也在关注孩子的作业是否认真完成。通过这样的方式，在复习阶段我们把家长的力量也充分调动起来了。

有的家长看见别人的孩子已经接龙，开始慌张，急忙回家问自己孩子的作业是否完成。孩子们看到其他同学的作业已经完成，也会抓紧周末时间，所以大大减少了赶做作业的现象。

周一，孩子们一个个精神抖擞。模范作业的同学因为打造模范作业，让自己变得更加自信；以前做作业拖拉的同学，现在因为提前完成，也变得轻松异常，作业质量也是大大提高。

四、复习——8+1 金牌行动

期末复习时间紧张，孩子们没有自主安排的复习时间。如何做好自主复习的时间安排，同时，能够更好地查漏补缺呢？我们开始了"8+1"金牌行动。

"8+1 金牌行动"是指学校学习 8 个小时，回家自觉集体自习 1 个小时。"金牌"的"金"，意思是黄金时间段，"牌"的意思是"品牌""王牌"——通过这样的方式查漏补缺，从而树立自己的品牌，让每个人成为自己的王牌。

我在班级群里说："一个人是否成功，决定于 8 小时以外。孩子的学习也是一样的。各个科目的学习是否能齐头并进，是由孩子的弱势学科决定的。我们正好可以用晚上在家里的时间自觉上晚自习，查漏补缺。"

有的家长马上开始呼应："我们家孩子比较拖拉，完全没有时间自主复习，正好我们可以一起约定，集体在群里打卡，大家约定在同样的时间复习，多好！"

我继续说："我们准备这样做，1. 要求孩子们在学校把所有家庭作业完成。2. 不带作业回家。3. 增加 8+1 时间段，每个孩子在家里 9—10 点不做其他任何事情，只做一个件事，自己复习薄弱学科。家长进行陪伴，并把效果发在群里。"我简单交代了一下做法。

"我们也在想办法改变他，不然跟不上学习步伐了。"有的家长接着说。

为了避免孩子们不懂得如何利用时间，我继续引导："比如，语文薄弱的，就在家里复习语文；数学薄弱的，就在家里复习数学；英语薄弱的，就在家里复习英语。有的孩子效率高，也可以两个科目、三个科目一起复习。这个时间段，要成为专属的亲子陪伴复习时间段。"

果然，大家开始在群里进行打卡，固定时间复习薄弱学科。

第二天，回校后，我们再进行"8+1"金牌行动的复盘。大家分析自己这个黄金时间段的"得失反思""原因分析""改进计划"，从而为第二天的"8+1"金牌行动做铺垫。

慢慢地，孩子们的复盘扩展到每天白天的学习效果，自定（　）+（　），第一个括号代表学校的有效时间，第二个括号代表回家后的自习时间。如此，大大提升了期末的复习效率。

五、榜样——效率 CEO 分享会

在紧张复习的同时，还需要给孩子树立榜样，特别是速度、质量都足够优秀的同学。因此，每周一，我们固定开展"效率 CEO 分享会"。

本周同学们评选出来的"效率 CEO"是曹奇和宜鑫。在同学们的欢呼声中，曹奇走上讲台，显得有些局促。慢慢地，孩子开始侃侃而谈："我周五回家就告诉自己，赶快完成作业，给自己定好任务，要完成多少科目。"

"那你周五完成了多少科目？"同学们好奇地问。

"三个科目。"顿时，教室里一阵唏嘘声。

"然后在周六上午就把作业完成了。"曹奇继续分享着。教室里又是一阵啧啧称赞声。曹琦继续分享着自己的做作业方法。

分享完毕后，是答记者问环节。

"你有没有开始很认真，后面开始马虎的感觉？"王敏问。

"谁都有想偷懒的时候，所以需要自我约束，不断地提醒自己：不能这样，不然是自己欺骗自己啊。"曹琦严肃地说。教室里又是一阵雷鸣般的掌声。

"你做题的时候会不会想听音乐？"文博提问。

"我不想一心二用，不然效率很低的。"曹琦歪着头说。文博也满意地点点头。

接着，班上知识地图梳理得优秀的宜鑫上台，为大家介绍如何梳理知识："我总是先把教材通读一遍，然后，再思考确定这本书的核心，这样一步步地从核心开始，然后分支重点，重点再进行分支。"宜鑫眉飞色舞地介绍着，其他同学都用艳羡的眼神看着他。

问问题的同学虚心好学，回答问题的"CEO"也甚是仔细。

有了这个"效率 CEO 分享会"，迷茫的同学找到了方向，优秀的同学更加优秀。

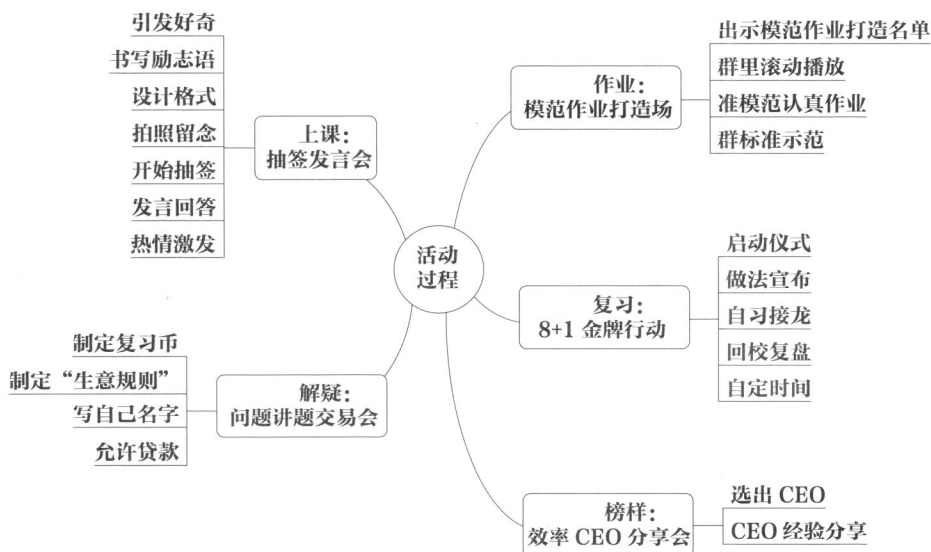

上课：抽签发言会
- 引发好奇
- 书写励志语
- 设计格式
- 拍照留念
- 开始抽签
- 发言回答
- 热情激发

作业：模范作业打造场
- 出示模范作业打造名单
- 群里滚动播放
- 准模范认真作业
- 群标准示范

活动过程

复习：8+1 金牌行动
- 启动仪式
- 做法宣布
- 自习接龙
- 回校复盘
- 自定时间

解疑：问题讲题交易会
- 制定复习币
- 制定"生意规则"
- 写自己名字
- 允许贷款

榜样：效率 CEO 分享会
- 选出 CEO
- CEO 经验分享

　　古希腊学者普罗塔戈说："人的大脑不是一个要被填满的容器，而是一束需要被点燃的火把。"复习期间，由于学生对已有知识没有了新鲜感，更需要点燃学生的学习动力，从而把复习做得有效、高效。首先课堂的私人定制签，把课堂不断推陈出新，吸引了学生的注意力；问题讲题交易会，触动学生的主动思维，引发学生的主动思考，更有利于培养学生高阶思维，趣味与实效一箭双雕；模范作业的打造，为解决复习期间作业马虎而设计，实现了学生的自我学习，并以此带动全班作业的质量提升；8+1金牌行动，解决了复习期间没有自主消化的时间，并且给予了自我查漏补缺的时机；效率CEO分享会，为复习提升效率，避免出现两极分化，并为生生互学提供了平台。非常时间，非常方法，所有的策略指向的都是帮助学生实现自觉主动学习！

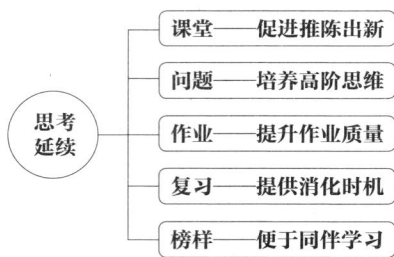

```
                        ┌── 课堂——促进推陈出新
                        ├── 问题——培养高阶思维
        思考
        延续  ─────────┼── 作业——提升作业质量
                        ├── 复习——提供消化时机
                        └── 榜样——便于同伴学习
```

35. 复习方法指导
——复习没有那么难

▲ 活动背景

期末复习的时候，很多孩子不懂复习的方法，抓不住重点，主次不分，因此复习费力而且效率低，甚至怀疑自己，自暴自弃。如何能真正把复习的实效提升上来，我专门做了一个"告诉你学习的秘诀，复习没有那么难"的复习方法指导会。

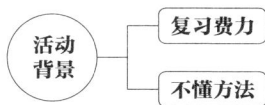

活动背景 —— 复习费力
活动背景 —— 不懂方法

▲ 活动过程

一、分析——我为什么学习不理想?

找到学习不理想的关键点，才能在复习中真正做到有的放矢，对症下药。

我问："同学们，一个人学习不够理想，是一天两天的原因吗?"

"不是。"孩子们回答道。

"可是，很多同学认为，心血来潮努力一会儿，就能取得成功。其实，冰冻三尺非一日之寒，学习不够理想，是一系列行为在一段时间内作用后的结果。"我边说边在黑板上写着，"行动 + 一段时间 = 结果"。

"下面，我们来分析一下，这段时间自己学习不够理想的问题在哪儿。"

有的说："我主要是思维不好，思考能力没有培养起来。"

有的说："我感觉自己太懒惰了。"

"具体懒惰在哪些方面？"我追问着。把孩子的问题具体化，才是深入剖析的关键。

"我遇到难题就不想去思考，不想去问老师。长期如此，题就压在那儿，问题就永远是问题。"

"请大家再深入地追问自己五个问题，这样才能找到问题的实质。"我继续引导。

找到问题，并进行刨根问底地问；分析问题，并找到原因根本所在，是复习成功的前提。

二、计划——复习计划≠口号≠决心书

清楚了自己的问题原因在哪儿，我们需要进行复习计划的制订。

我告诉孩子们："同学们，我们往往错误地认为，复习计划就是喊口号，或者写决心书。而那只是表面的热情，真正的关键是，复习目标和任务，还有达成目标的具体计划。"

接着，我和孩子们讨论了计划的具体板块。

首先，明确复习的任务。包括复习的目标、学习的时间和学习的科目。

其次，针对性要强。计划分为集中复习和分散复习。集中复习时间是大块的时间，我们听从老师的安排，而分散复习时间，是自己可以用的零碎时间。

最后，制订具体时间表。知识的巩固，需要按照"大循环""小循环""日循环""周循环"进行。

"大循环"是安排几轮复习；"小循环"是每周或者每日进行的循环复习；"日循环"是每天记一记容易遗忘的知识点；"周循环"是对于难记的知识点，每周要进行整体复习，或者整理一遍。我介绍完板块后特别强调："计划很重要。好的规划，让你的复习不再闹时间荒，最为重要的是：正确的学习计划加认真执行等于美梦成真。"孩子们听得甚是认真。

因为有了前面的指导，制订出来的计划，显得更加具体化。

三、课堂——提升课堂注意力

复习是否有效，在于上课的效率；听课的关键，在于我们能否集中注意力。

"很多人为什么不能集中精力？是因为对学习没有饥饿感。举个例子，你们肚子饿了，是不是想吃东西？肚子不饿，对食物的欲望，也不会太强烈。"我给孩子们打了一个比方，"所以，我们需要提升的是对学习的饥饿感，对学习的好奇感。"

"老师，我无法对学习充满好奇。"

"端正学习态度很重要。我们的求知欲也不可能随便出现，必须自己去培养。状态不好，是不能回避和排斥的。"我说。

"第二，强迫自己集中注意力，你上课时注意力不集中，你就用意志力让自己集中。第三，上课要多思考，多回答问题，跟着老师的思路走。第四，课后定时写作业。给自己规定一个时间，完成需要完成的目标。第五，有意识地训练抗干扰能力。我们可以特意在闹的地方，培养自己静下来的能力。"我一边讲解着，一边观察孩子们的反应，大家正聚精会神地听着。

"第六，5 分钟锻炼专注力。闭上眼睛，想象有一个亮点，除了这个亮点外，其他什么都不想。每隔一天，延长这一个点，将它变成直线，然后变成三角形、四边形、五边形等图形。每天一次，10 天自然见效。"孩子们一边听，一边开始练习起来。

我停顿许久，严肃地说："同学们，其实分心只是表象，如果你在复习上，有死磕到底的决心，什么注意力不集中都能克服，关键是，你是否能做到这一点。"此时，教室里一片安静。

教会学生提升课堂注意力，比什么都重要。

四、体系——画出你的"知识地图"

复习的时候只有把知识形成体系，对复习学科有一个系统整体的架构，才能牵一发而动全身。

我给孩子们继续打着比方："单一的知识点，就像工具箱里零散的工具，解题的过程就是头脑中不断检索使用哪些工具的过程。如果你的工具分类摆放，就可以信手拈来，那么你的检索速度就会加快；如果你的工具摆放杂乱，调用一个知识点就会很难。所以，最好的办法是把知识系统化，形成你的知识体系，各个知识点之间的逻辑联系形成知识网络，这样，才有一个整体观。"

"那么，如何画自己的知识地图呢？"我引导道。

"第一步，仔细阅读课本内容，全面了解各个知识点。要了解、思考、分析教材的知识体系，重点、难点、范围、要求，然后，找到各个知识点之间的联系，掌握整本书的知识脉络。

"第二步，确定主题，找到关键点。然后，写出关键点和各个知识点，同时边做边思考各个知识点之间的联系。

"第三步，用自己喜欢的方式梳理呈现出来。可以是表格，可以是思维导图，可以是展开法，可以是'树形'图，用你自己觉得好的方式，画出自己的知识地图。"

教会大家画知识地图后，接下来，就是去梳理、分析、整合各个科目的知识。

整合知识点，理清关系，使知识形成系列整体，才能使我们对复习有一个高屋建瓴的整体认识。

五、补缺——用康奈尔笔记做"错题集"

"同学们，听说过犯错使人聪明这个道理吗？"

"啊，真的吗？"孩子们有些诧异。

"那我多犯点错。"有的孩子说。

"多犯错不会使人聪明，而是重视错误，懂得从错误中汲取养分，才会使人聪明。"我笑着说，"所以我们要重视自己的错题本。错题本是我们复习有效的秘密武器哟。"孩子们怔怔地看着我。

"但是，很多人不愿意使用错题本，也不重视错题本，是吧？"孩子们连连点头。

"我想原因主要有三个，第一，总结错题要花费大量的时间，很多人愿意花时间去做新题，却不愿意去回顾错题。特别是作业一多，就更不愿意花费精力去总结了。"

"就是就是。"孩子们连连称是。

"可惜啊，可惜，这葬送了我们大好的前进机会啊。"我有些惋惜地说，"第二，很多人自信地认为，自己已经修正错误，不会重犯。"

"嗯嗯。"大家强烈表示赞同。

"可是，你们看自己的毛病，有那么容易去掉吗？"大家摇头。

"因为惯性思维容易让我们重蹈覆辙。"

"第三，很多同学主观地认为，考过的试题重复出现的概率很小，不值得总结。"同学们心悦诚服。

"所以必须重视我们的错题集，同时错题要一板一眼地做，最好用康奈尔笔记的方式来做：一，用黑色笔，抄写原题。二，用蓝色笔，写自己的错误答案。三，用红色笔，写正确答案。四，再用红色笔，分析自己和正确答案的差距。五，用黑色笔，分析自己的错误原因。六，用红色笔，总结改进方法。如此，才能真正用错题让自己变聪明。"

六、心态——打造自己的信心图腾

在复习的过程中，如果学习成绩老是上不去，计划的学习任务没有完成，失败的回忆就会伴随着回忆的念头冒出来。所以，打造自己的学习信心图腾，尤为重要。

首先要树立积极的自我观念。我问孩子们："我们在学习的过程中是不是会出现没有信心的情况？举个例子，我们对数学不感兴趣，学不好，因为我们的自我观念里就认为：数学很难学，数学没意思，我天生不是学数学的料。在潜意识中我们暗示了自己学不好，导致了自己的消极。所以，我们为什么不树立正向的自我观念呢？"

"老师，那我们应该怎么做呢？"孩子们有些疑惑。

"我们要用积极的自我观念，暗示自己：数学很简单，数学很有趣，我完全能学好数学，并且大声朗读20遍，直到它们成为我们心中坚定不移的信念为止。"

我一边说，孩子们一边就情不自禁念起来。教室里一片欢腾。

"同时还要贴出来，每天浏览。树立正向反馈。"我继续深化。

我一边说，一边在展台上出示了"打造自己的信心图腾"分条策略：

1. 学会克制自己、鼓励自己。

2. 学习中，注重过程而不是结果。

3. 学习不要好高骛远，根据自己的能力定目标。

4. 开始学习时，就想到自己实现目标的样子。

5. 休息也需要计划，避免计划外的休息。

6. 保护好自己的身体，不生病。

最后我总结道："同学们，复习是学习的半壁江山，有效的复习需要调动兴趣、目标、意志、专注、情绪、技巧等多种因素，这样才能真正实现高效复习。当然，复习不仅仅是学习的一个阶段，更是我们心灵成熟和丰富的过程。期待大家能在复习中超越自我，成为更好的自我！"

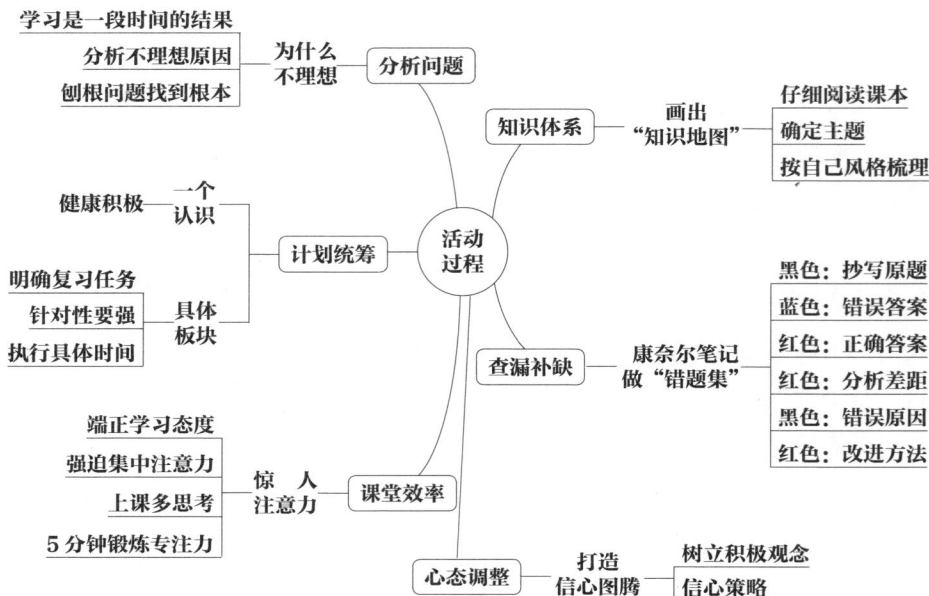

复习阶段，提升效率是一个硬骨头。作为班主任，我们该怎么做呢？复习方法的指导尤为重要:第一，分析问题。找到症结，把原因剖析得入木三分，才能让复习轻松。第二，规划问题。复习是否有效，需要制订有方法、有策略、具体可操作的计划。第三，心无旁骛。复习的时候，课堂效率非常重要，所以，需要专心致志、心无杂念地听课，跟着老师的思路，提升复习时的学习能力。第四，体系建立。知识体系的建立是学生区别新授和复习的根本所在，把知识进行整体化、系统化，知识就会在头脑中留下深刻印象，并且在考试的时候，运用起来更加灵活。第五，查漏补缺。复习时一定要重视补缺，才能温故知新。我们要做的是观念引领和任务驱动相结合，如此，才能高效地把错题进行整理运用。第六，心态阳光。拥有一个好心态，是取得胜利的关键，是治愈一切的良药。

总之，在复习阶段，我们要注意：析问题，重统筹，有方法，点要害，好心态！

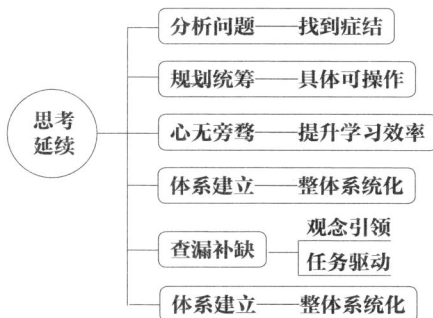

思考延续
- 分析问题——找到症结
- 规划统筹——具体可操作
- 心无旁骛——提升学习效率
- 体系建立——整体系统化
- 查漏补缺——观念引领 / 任务驱动
- 体系建立——整体系统化

36. 复习行动指南

——打好五张王牌

▲ 活动背景

学习挑战，最重要的是过程，过程的落实是否到位，决定着最后的结果是否成功。当然，过程大部分时间是平淡的，为了在平淡中不断、持续地提升孩子们的学习热情，我们班搞了一个"王牌训练"活动。

▲ 活动过程

一、启动——装水实验

我拿出一个杯子，杯子里面装满了水，再拿出一枚大头针。下面的同学很是好奇。我说："我们选两位同学把大头针丢在水里，但是不能让水溢出来。"孩子们充满好奇。

我继续说："同学们，谁来丢大头针？"

"我！""我！"大家争先恐后要来。最后我选中绪洋和钟鹏上台。他们俩小心翼翼地开始扔起来，同学们睁大眼睛，想看个究竟，嘴上情不自禁地跟着数："1、2、3、4……"

大头针在增加，一直增加，水还是没有溢出来。孩子们揉了揉眼睛，看得有些不耐烦了。

上面的同学也开始抱怨："这个要扔多久呀？现在已经扔到 200 根了。"看着大家的耐性渐渐消失，我轻轻地说："你们试一试，要让水溢出来，是很快的。"

果然，旭阳把大头针一股脑扔在了水里，水顿时溢了出来。

"唉！"下面的同学遗憾地哀叹。

我趁热打铁地问："孩子们，通过这个实验，我们得到了什么启示呢？"

"我觉得学习上来不得半点马虎，你看稍微一放松，就会出问题。"

"我们都以为这个大头针装不了几根，没想到容量那么大，人的潜能是无限的。"

"学习是慢慢积累的过程，一曝十寒是不会成功的，是会出问题的。"

"对，我们想做好一件事，是需要点滴积累，冰冻三尺非一日之寒，所以我们需要从点滴做起！"

通过体验活动启发思考，感悟道理，学生得到的收获，远比直接传授要深刻。因为有了这个体验活动，开启王牌行动，就显得顺理成章。

二、统筹进行——5 项管理法

我直接开门见山："同学们，点滴积累，就是要把日常的每一个细节做好，从今天开始，我们将开启一个王牌行动。"

孩子们好奇地问："老师，王牌是什么意思？"

"扑克牌游戏中最强的牌就是王牌啊。"我回答道，"同学们，我们也要打一手学习上最强的牌，才能让我们赢在学习上。"顺势我又引导到学习上了。

"做王牌训练，我们需要做好'5 项管理'——'5 项管理'是指英语中的'Attitude''Target''Time''Learning''Do'五个词，也就是'心态''目标''时间''学习''行动'。心态是成功的基础，目标是成功的方向，时间是成功的过程，学习是成功的源泉，行动是成功的保证。"我把这句话在黑板上写出来。

"请同学们大声地齐读一遍。"孩子们意气风发、精神抖擞地大声读起来。

"每天我们如何评价自己的学习呢？评估心态，乐观为10分，消极为0分；目标管理，每天制定目标，看是否达成；时间管理，看是否抓住重点，请大家制订好每日计划；学习管理，如何有效学习，向一流人士学习，每天养成学习好习惯，进行反思改进，这就需要找一个学习榜样；行动管理，激发行动的唯一办法就是立即行动，制定期限，所以需要找一个逐梦师督促自己。最后大家把五项管理进行每日复盘，写在修炼本上。"

我把行动方式和大家交流了一遍，再交代了管理原则："这五项管理最关键的是，重视过程，而非结果；重视改进，而非完美。大家只管去做，不要管结果如何。"孩子们懵懂地点了点头。

"5项管理法"就这么开启了我们的每天日常生活。

三、效率提升——4S 提升法

4S 就是简化（Simplify）、细分（Subdivision）、缩短（Short）、放慢（Slow）。

由于五项管理内容太多，孩子们不可能一次性完成，所以，我们要一项一项来做，首先是让孩子们做好每天的时间记录。

我先教会孩子们把事情分成重要的、不重要的、紧急的、不紧急的，然后把自己做过的事情记录并分析，教会孩子事情排序的先后——重要的紧急的，然后是重要的不紧急的，紧急的但不重要，不紧急不重要的。

接着，我教会孩子们简化自己的目标，事情宜少不宜多；再细分自己的计划，什么时候做什么事情，都细分出来；再缩短做事的期限，把什么时候做哪一件事情的期限都制定出来；最后是放慢，教会孩子不管什么时候都用平和的心态去面对所有的事情，这样才会忙而不乱。

把方法交给孩子后，我们再不断地调整，不断地改进。

四、观察督促——3 步 DOC 法

DOC——做（Do），观察（Observe），纠正（Correct）。

我们进行了"三零"训练，让大家学会零废话（自习课）、零废事（下课）、

零闲思（上课），这是一个理想目标。

以"零废话"为例。

首先，找一个助梦师记录对方每天的废话。每一个助梦师精益求精，记得很认真。"你怎么可以这样""啊""哇""嗯"等语气词都一一记录。

接着，助梦师反馈。每天放学前固定分析对方的得失，并给予纠正。比如有的说："今天的闲话说得太多，上课注意力不集中。"有的说："你今天上英语课在开小差哟，下次可要注意。""你下课的时候，打闹花费了太多的时间了。"

如此，当局者迷，旁观者清，旁观者可以一针见血指出自己平时忽略但又影响学习的毛病。

然后，同学们自己采取行动进行改进。

五、计划复盘——2 次 ME 法

2 次开启 M（Morning）E（Evening）法，就是我们在早上订计划，下午进行当天的总结复盘。

每天早上早自习前，制订好当天的学习计划，列好清单，同时，按照"4S"法优化当天事情的轻重和先后。每次做完一件就自行划掉。这样有利于提升效率，不拖拉。

每天晚上，进行复盘总结。按照"心态、目标、时间、学习、行动"五项进行思考，并由助梦师进行纠正补充，这是我们每天需要进行的程序。

六、毅力挑战——1G 法

G 是指"Get up"。一个人想获得成功，往往从锻炼意志力开始。

锻炼意志力是要从自觉主动开启的，所以我们就从挑战早起开始。早起可不是一件容易的事情，每天早起是需要毅力的，而这个起床的过程就是培养毅力的过程。

于是，我要求孩子们，试一试挑战早起看书。刚开始的时候，孩子们大部分都起不来。怎么办? 我绞尽脑汁，不断思考办法，提高孩子们的积极性。

首先，邀请家长发孩子早起的照片到群里，形成氛围。刚开始时，只有少数的家长发照片，因为一些家长自己也无法起床；一些是孩子不愿意照相；一些是因为忘记照相。怎么办？此时，我能做的是每天在家长们发出照片后，进行鼓励点赞。"记得坚持哟！""天天都起来了，真不错。"人人都有被肯定的欲望，因为我的坚持点赞，一部分家长慢慢有了坚持的动力。

同时，为了调动不拍照的家长的积极性，我在群里进行沟通：

> 各位亲，我们早起的目的呢，是为了提升孩子的效率。早起需要早睡才行，同时，早睡就要提前完成所有作业，那么就要提高白天的效率。这样才能形成良性循环。所以大家也不要太紧张，愿意的我们继续坚持加油，不愿意的，那是自己的事，我们也不强求，千万不能把大家的事做成我要求的事了。但是我建议，要做就要坚持，加油！

接着，我还要做到校拍照反馈。我问孩子们："今天挑战成功的同学有哪些？"孩子们刷刷刷地站起来，而站起来的分为三类：一类是父母拍照的；一类是父母没有拍照的，凭自觉程度；一类是住读生，住读生室友就是最好的见证。我们把能起床的再一同拍集体照发到群里强化。

当我们把照片反馈回去的时候，会出现一种情况，起床但是没有拍照的，怎么办？

于是，我把这类同学的照片反馈在群里，问家长朋友们："各位亲，我们有部分孩子早起闯关成功，但是没有照片，我们的家长能不能证明一下？"

子涵妈妈马上说："子涵6点过几分起床的，我们没有在家，没有拍照，每天6点我会准时打电话提醒她，看她是否起床。"家长们一一解释着，我也一起交流着。

然后，双向思考。当我把拍照统计发回家长群的时候，家长们就会关注，班上有多少同学闯关成功。其他家长就会反思，我的孩子为什么起不来呀。孩子们也会思考我怎么起不来。

再次，填写闯关履历。同学们要把每天的情况进行登记，形成一个表格。上面写上自己闯关成功的原因和失败的原因，以小组章为证，每天进行。

经过一个循环，孩子们和家长的热情越来越高，孩子们也慢慢地比预计要起得早了，家长也参与到挑战中来了。

慢慢地，由于长期坚持，大家开启了自觉闯关的接龙活动。通过鼓励、带动、坚持，挑战成功的同学越来越多。

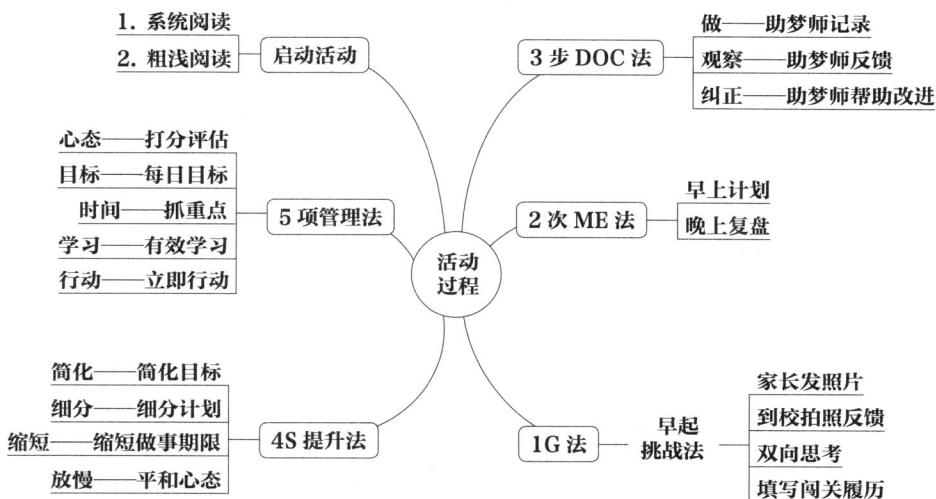

思考碰撞

"王牌训练"，有激发，有计划，有聚焦，有复盘，有毅力，有挑战。这一个长线条的整体训练，不仅引起了孩子们的新奇感和兴趣，同时也提升了孩子们的效率，而且每天精神饱满，这样才能真正做到享受学习的过程。

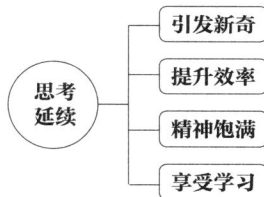

37. 课后作业效率管理
——好说，说好，高效做作业

▲ 活动背景

期末复习的时候，作业是其中一个棘手的问题，要么是做出来的作业马虎，要么是时间不够，孩子们做不完。如何能在有限的时间内，提高作业的效率呢?

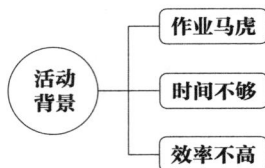

```
        ┌─── 作业马虎
  活动  │
  背景 ──┼─── 时间不够
        │
        └─── 效率不高
```

▲ 活动过程

一、高效能作业启动会——调动内在责任感

看到黑板上赫然写着"期末高效能作业启动会"，班上同学开始惊呼:"又到了冲刺阶段了!"

"啊，一到期末就感觉作业很多，效率太低。"有同学唉声叹气地说。

"我也是，感觉什么都堆在一起，整个头都大了。"此时，怎么办呢？

第一步，言说期末作业。

我笑着说："是啊，期末的时候，各个科目复习任务重，又没有上新课的新鲜感。但是，作业是为了巩固课堂上的内容，同时，也是为了发现知识漏洞并加以解决，还可以提高我们的学习能力。所以，如果没有作业的环节，我们的复习会大打折扣的。"同学们坐直了身子，仿佛受到了启发。

第二步，发表作业宣言。

我开始发出号召："今天的高效能作业启动会，是希望大家重视期末，先从重视作业开始！

"当然，最关键的，还是我们要对自己的使命有认识。因为，做作业是自己的事情。我们该为自己做点什么呢？请大胆发表你的宣言吧。"

教室里群情激昂。

张剑主动跳起来，说："我的使命宣言是追上曹洪。所以，在作业上，以曹洪为榜样，认真做好每一次作业。"顿时，全班哄笑。曹洪也显得不好意思，说："我表示很冷静。"全班一片哗然。

"老师，你放心，绝对的良性竞争。"张剑潇洒地摆摆手。

"我表示愿意共同努力，监督他做好作业。"曹洪也发话了。全班又是一阵雷鸣般的掌声。

秋平站起来说："作业看人品。""哇。"孩子们又是一阵惊叹。

"爱学习从爱作业开始。"

"绝对不抄袭。"

第三步，上交作业宣言。

孩子们一个个分享完毕，我开始发言："同学们，请用最郑重的方式，交上你的作业使命宣言吧。因为这是你自我鼓励的象征，是自我责任的宣告。"有时候我们需要严肃的仪式，才能真正提升孩子们的重视意识。

孩子们一个个庄严地排着队，交上了自己的宣言。

最后，张贴作业宣言。我们把每个人的宣言贴在了外墙上。当隔壁班的同学们驻足观赏贴在墙壁上的雄心壮志时，孩子们就增加了一份责任。

二、秒表限时完成法——解决多科作业

班上有学生老是抱怨作业多。我有些诧异，为什么同样的作业，有的同学没有感觉，而且还能按时完成？

于是，我开始调查。我问王剑："你现在完成作业，需要多久？"王剑歪着头，说："总的时间我没有计算。"我思量着，我们何不来个定时作业，试一试到底一天的作业要花多久的时间。

既然要了解完成作业的大体时间，就需要考虑抽取的群体的科学性——找的孩子，不能是班上最优异的，也不能是成绩落后的，最好是中等水平的。我找到小雷，问："你觉得英语作业大概需要多久？"孩子想了想，说："大概 15 分钟。"我又问："那物理作业呢？"孩子把题反复看看，说："可能需要 30 分钟。"

"数学作业呢？"我继续追问。

孩子继续估算："数学作业最后的难题花的时间比较多，不好估计。"

我继续按照这样的方式，调查了其他中等成绩的孩子。问完，我基本上对班级作业需要多少时间，有了整体了解。

接着，我把作业进行整体安排：按照刚才孩子们说的难易程度，先完成简单的，把最难的放在最后；同时，把刚才孩子们估计的时间再往后多估算 10 分钟，给孩子们更多机动的时间。

下面，开始计时做作业。我说："同学们，我们把作业当作考试一样来完成，今天我们试一试。"孩子们充满了好奇。

"这样，今天晚上，我们先完成简单的，再完成难的。先做英语作业，我们用半个小时，6：50 的时候，我收英语作业；然后，物理你们说需要 20 分钟，给大家延迟 10 分钟，7：20 的时候收。因为数学作业需要做难题，我们无法估计时间，所以，把数学作业放在最后。"

"现在，计时开始。"孩子们精力高度集中地开始写作业，教室里安静得只能听到写字的声音。

时间一分一秒地过去，大家完全沉浸在写作业中。

我在教室里转悠，看到王亿没有做英语作业。我问："你为什么不做英语作业呢？"

"老师，你为什么要先安排英语作业呢？"

"这个，你要是觉得能完成，也可以做其他作业啊。"特殊孩子特别要求。

一会儿工夫，时间稍纵即逝。

"好，时间到。"我高声叫道，并一个个收作业。

"老师，我还没有做完。"有同学小声地说。

"没有关系，没有完成，我们继续做，效率已经比以前高多了。"孩子的情况不同，我们不能完全整齐划一。特殊情况特殊要求。

三、番茄工作法——分解课堂作业

番茄工作法，就是把大目标分解成几个小目标，一个单元分解成每一篇课文。

以前复习的时候，我们喜欢整个单元一起复习。孩子们看着一大堆知识，顿时犯愁。

后来我改变了策略，我说："同学们，这次我们一课一课完成，先用三分钟的时间记第一课，如何？"孩子们欢呼雀跃，大家纷纷表示："没有问题！"

从心理学的角度看，孩子们更容易接受够得着的东西，这样，人就更有成就感。如此，没有心理负担的学习，才是真正的高效学习。

接着，我规定时间，让孩子们有紧迫感。

"下面，我们在三分钟内，完成第九课的字词。如果完成，我们奖励；没有完成，我们可有小小的惩罚。"

"啊！"

"好的，为了奖励冲啦。"孩子们摩拳擦掌。

教室里开始变得热火朝天，有的捂着耳朵，有的两个人互相抽背，整个教室热气腾腾。

接着，我们开始同伴互相监督。用同伴互相修改听写的方式，更有助于孩子们看清自己。还可以同伴共同约定奖励和惩罚，互相督促，不断进步。

最后，把听写本反馈给当事人，让他把错误多看几遍，订正后的作业，需要用小组章进行巩固。

很多孩子听写后不愿意订正，当我们给订正加盖小组章时，就带上了集体的色彩，孩子们变得更加认真起来。

期末作业，因为有了以上规范，效率大大提高。

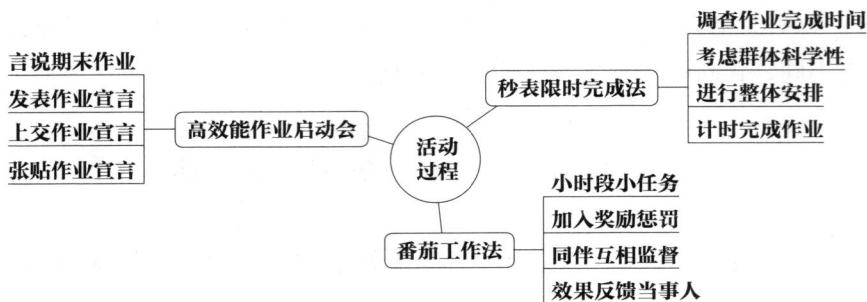

思考碰撞

期末时各科作业轰炸，学生疲惫不堪，复习时间紧张。此时，作业态度，作业时间的保证，作业效率等都值得考虑。在作业态度中，我们提倡把作业变成学生的内在需要，而不是外在要求，这需要改变观念，采用正念思维，提高对作业价值的引领。复习期间时间紧，各科作业无法安排，怎么办？规定时间内完成规定任务，加强对作业时间的分配和管理，提高自主学习的能力，争取做到一心一意，全身心投入。当然，最后的落脚点，我们还是需要放到作业的有效性上，从学生的心理特点、接收能力出发，充分调动学生的情绪、感觉、智慧，激发学习的信心，促进思维的活跃。作业是一个需要不断研究的话题，复习作业的分层布置，复习作业的批改等也是后续需要研究的问题。

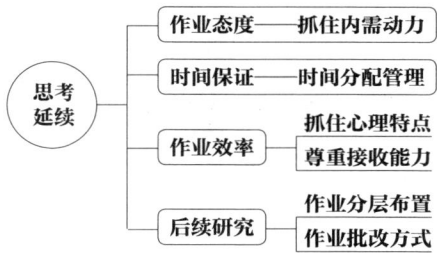

38. 体考集结令
——冲锋需要你我他

▲ 活动背景

体考迫在眉睫，我每天都在带领孩子们跑步，每天都在锻炼，可体考成绩还是有些让人担忧。孩子们不够重视，我这个不是体育专业出身的班主任该怎么办呢？

活动背景 ——— 体育不重视
活动背景 ——— 体考迫在眉睫

▲ 活动过程

一、有意设置障碍——引起重视

在平时的体育测试中，我和体育老师提前商量好——把体育测试的难度加大，设置障碍，从而让学生引起重视。

首先，加大测试难度。跳远的场地我们选在了上坡的测试地点，把实心球测试的米数故意加长，比如男生 9 米 7 就是满分，我们把可能是 10 米的场地长度，故意说成是 9 米 7 的长度。测试后发现，大多数同学都是在 40 分以下。孩子们起初还嬉皮笑脸，但随着自己测试的成绩公布，逐渐变得严肃起来。

然后，渲染严重后果。我拿着体育成绩站在讲台上，开始念着孩子们的体育成绩："新瑶，32 分；杨成，30 分；俊化，36 分……"

"老师，我是绳没有认真跳。"

"老师，我是当时没有重视。"

"我掷实心球的时候，没有使出全力。"孩子们开始有些忍不住了。

"同学们啊，如果我们的体育成绩上不了 40 分，就没有保送的资格，这可是有文件为证啊。"为了让孩子们重视，我搬出了出台的文件。

"体育成绩是很容易提升的，只要我们态度端正，愿意提升，希望是很大的。"刚给孩子们当头棒喝，马上就是"大饼"鼓励。

在有意设置障碍后，班上的同学从心理上开始重视体育成绩。

二、组成特长小分队——对症下药

有了态度上的重视，仅仅是第一步。关键还是针对性练习。

我引导孩子们自我分析。我说："同学们，你觉得自己到底哪一个板块比较差，提升的空间最大？这样才有进步的可能。"

孩子们比较着，分析着优势和劣势。爱航说："我现在跳远是满分，掷实心球是 14 分，如果我稍微注意一下技巧，实心球的成绩就可以上来。但是，跳绳满分是 185 个，而我只能跳 113 个，我觉得，我提升空间最大的是跳绳。"

"我现在各个项目都差，怎么办？"杨西有些犯愁。

"你觉得哪一个项目，你的提升空间最大呢？"

"跳远。"杨西毫不犹豫地说。

"那就跳远组。"我斩钉截铁地为孩子拿着主意。

进行完自我分析后，选出先锋组长。我们把三个项目中，最强最有责任心的同学，选为了先锋组长，并制定了组长职责：

1. 组长要有责任心，负责本组成员的项目成绩提升。

2. 组长负责每天组员的考勤。

3. 组长负责每天早上的成绩登记。

4. 定期发现组员的成绩提升。

5. 对没有提升或者态度不够端正的组员，进行谈心教育。

6. 组长是负责项目的佼佼者，负责本组成员的技术指导。

然后，组长开始招募提升组成员——跳绳提升组成员，跳远提升组成员，实心球提升组成员。孩子们根据自己要提升的项目，进行自主报名。

因为提升目的明确，孩子们知道了接下来需要做的事情。

三、做好保障措施——坚持打卡

轰轰烈烈的特长小组在每天早上体育锻炼时间，拉开了序幕。

首先，打卡开始。到了约定的时间，组长记录组员打卡时间。

然后，督促练习。组长指导组员开始练习。

跳绳组的组长张剑，每天拿着一个记录器，召唤自己的组员，进行三轮训练。张剑说："第一轮，大家跳绳注意不死绳。"大家开始呼呼地跳着。

"跳慢一点都可以。"组长开始指导道。

"第二轮，注意速度。"组长继续要求道。

"第三轮，这一次作为分数记录。"组长严肃而认真地训练组员。

再看看跳远组，组长也是一丝不苟地记录，每天负责拿跳远垫子的同学，按时收发垫子。大家排着队，试跳，比赛。旁边的同学帮助发现问题："你看你犯规了，这次可是零分哟。"

实心球组，更是带劲。实心球组长，安排着秩序："请下一个练习的同学负责捡球。"

"注意，旁边不要站人，捡球的距离远一点。"组长叮嘱着安全。

"你要注意抛出一条抛物线，没有抛物线就不会掷得远。"组长继续进行着技术指导。

最后，记录成绩轨迹。每天锻炼完毕后，在教室后面的登记栏，自觉记录自己的成绩，并每天登记，发现自己的成长轨迹。

四、家长主持体验模拟考试——测试指导

为了能发现自己的进步，我们进行了周末体验模拟考试。

前一天晚上在群里，我们提前安排："各位家长，为了让你的孩子能够真正适应体育测试，请同学们穿上中考体育服，带上考试的状态进行测试。我们家长的身份既是观众又是评委，更是导师。请我们的家长能来的报名接龙。"家长们在家长群里开始接龙，报名，组成"家长评委团"。

然后，我根据家长列席的情况，进行具体的安排。

博静班模拟体育考试家长团安排

【前言】

由于体育考试迫在眉睫，需要家长和我们共同努力，特将有关事宜安排如下。

注：没有安排到的家长，我们会临时有安排的。

【后勤安排】

照相做美篇：彭鑫瑶家长

计分录入：易诗序家长

买水后勤：周庭宇家长

【场地安排】

中央公园（轻轨站旁边）

【分组安排】：

注：每组1号是组长

女生：

1组：1号彭鑫瑶、2号司强、3号代思怡、4号曾秋萍、5号彭柳媛

2组：6号寒小艺、7号张鑫、8号蒋菲、9号赖兴美、10号周庭宇

3组：11号易诗序、12号王孙燕、13号邓雨子涵、14号李明瑶、15号朱卉

男生：

4组：16号刘厚勇、17号张剑、18号周绪洋、19号李俊男、20号雷申

5组：21号王俊华、22号周弘韬、23号陈大洋、24号罗亿、25号张爱航

6组：26号钟鹏、27号王广、28号董林、29号胡开强、30号李文杰

7组：31号唐友桃、32号袁一、33号刘欣宇、34号万兴、35号卢新宇

8组：36号赵祥辉、37号田长彬、38号杨科

【具体人员分配】

一、跳绳模拟考试安排

整体负责（场地，安全，人员的有序进行，清理人等）：张爱航家长

跳绳记录人：张剑家长

现场报分：张爱航家长

计时喊口令：张鑫家长

拿绳：每个人自己拿（中考的绳）

家长两个人计数：

1. 罗亿家长、刘厚勇家长

2. 王俊华家长、代诗怡家长

3. 朱卉家长、王燕家长

4. 司强家长、袁一家长

5. 周弘韬家长、卢新宇家长

二、跳远模拟考试安排

整体负责（场地，安全，人员的有序进行，清理人等）：刘厚勇家长

记录：李明瑶家长

现场报米数：周绪洋家长

现场报分：刘新宇家长

拿道具：周弘韬家长

安全负责：钟鹏家长

三、实心球模拟考试安排

整体负责（场地，安全，人员的有序进行，清理人等）：张剑家长

记录：周庭宇家长

现场报米数：张剑家长

现场报分：寒小艺家长

拿道具：赵祥辉、寒小艺家长（尺子和实心球也拿来备用）

安全负责：赖兴美家长

有了具体的安排，周六早上，家长们各就各位，组织同学们进行体育测试。

这样的模拟考试，会模拟三次。每一次要求会有所不同：第一次，纵向测试，每个同学测试，其他同学当观众；第二次，横向测试，每一个项目同时进行；第三次，细节测试，注重考前的服装检查、心态调整、注意事项等。

每一次，都会更换地点，让孩子们在不同的地点，适应不同的体测。家长们更是积极投入，大家有的拍照，有的做裁判，有的记录，有的服务，有的还亲身示范，亲自指导。

每次登记好体育分数后，我迅速用电子档的方式反馈出来，家长们看到自己孩子的体育成绩后，在家里继续分析、总结、练习。

经过平日的刻苦训练，还有三次的模拟体验测试，孩子们的体育成绩，已经有了明显进步。

五、把体考当作盛大的节日——盛大出场

体考终于来了，我们把体考打造成一个盛大的节日。

体考的头一天晚上，我们在家长群里进行了温馨提示。

各位亲，明天终于迎来体考这个盛大的节日。这个节日离不开您的关心，期待您提醒孩子：

1. 穿最能发挥水平的服装。舒适、轻便、便于运动。

2. 选最舒适的鞋子，不要穿新鞋。

3. 吃有质量的早餐。热量高、体积小、易消化的食物。

4. 买能提神的巧克力。适当增加糖和蛋白质供应。

5. 合理适当的休息，睡足8小时，保持精力和体力。

6. 提醒孩子保护好自己的身体，千万别让身体受伤或者生病。

7. 保持自信、冷静、稳定的情绪，尽其所能，顺其自然。

8. 明天出门前，记得鼓励您的宝贝哟！

第二天一大早，看着孩子们精神抖擞的样子，我告诉孩子们："同学们，今天记得养精蓄锐哟，《曹刿论战》中说，一鼓作气，再而衰，三而竭。我们尽量在考试时，拿出我们一鼓作气的姿态，做到万无一失。"孩子们纷纷点头。我轻声问："你们吃早饭了吗？"

孩子自信地说："吃了。"

我打趣地追问："吃的什么？"

"蛋，面包。"

为什么要问孩子们早饭的事情？一是为了表达关心，二是为了把细节真正做到实处。

家长群里祝福声已经此起彼伏。一场体考牵动着每个家长的心。

孩子们进场了，体育老师和我与孩子们一一击掌祝福："祝你成功。"精神的力量是无穷的。

漫长的等待是煎熬的，我站在考场外，艰难地等待着孩子们。时间一分一秒地过去，1分钟、10分钟、30分钟……

终于，孩子们从考场走出来了，我兴奋地迎上去："考得如何？"

"老师祝贺我吧。我考了满分。"

"啊，恭喜你。"我兴奋地拥抱孩子。

"老师，我没有考好。"鑫瑶有些失落。

"没有关系，我们记得汲取教训，在我们后面的考试中用得上。"

我拥抱着孩子安慰着。

大多数都考得比平时更好。我接着说："同学们，我们拍照留念吧。"

"好嘞！""我们去其他班找一个同学来拍。"

"我们要吴老师站'C位'，我们站在周围。"大家你一言我一语开始说着。

"不行不行。"我推辞道。

"老师，你就要站这儿，我们才好摆造型啊。"我恭敬不如从命。

"我们全部把手放左边。"有同学提议。

"好，曹琨美不美？"刘源故意高声吼着。

"不美。"孩子们也故意吼着。

"九班谁最美。"秋萍开始领头吼道。

"我最美。"大家幽默地笑着喊。

大家换着各种姿势，拍照，留念，整个操场上空，荡漾着温馨与快乐。一次体考变成了盛大的节日，美丽的回忆。

六、把总结感恩做到极致——考后延续

体考完毕，所有的事就结束了吗？不，每一个契机，都可以最大限度地发挥其作用。

首先是感恩教育。我提议："同学们，最近最辛苦的是我们的体育老师，我们都应该去感谢一下体育老师，表达自己最真挚的感恩。"

孩子们纷纷点头，簇拥过去。

我走上前去，说："婷婷老师，感谢你，这次体考您最辛苦。"

孩子们簇拥着老师。"要不我们给老师敬礼。"有同学说。

孩子们不约而同恭恭敬敬地立在那儿，异口同声说："老师，您辛苦了。"大家不约而同地弯下了腰，恭恭敬敬地鞠躬。

"平身！"体育老师更是幽默，惹得大家笑得前俯后仰。

"要不，我们都来陪体育老师拍照。"

"好，我们全部用手指着体育老师。"

"好嘞，预备起。"咔嚓，照片照好，大家一拥而上，拥挤着，看照片。"哇，全是表情包啊。哈哈哈！"

一场感恩变成了一片欢乐的海洋！

回到学校后，沉静地复盘也很重要。我说："同学们，体考已经结束，而更为关键的是，我们如何从体考中汲收养分，用于指导我们今后的学习生活。"

孩子们总结道："我发现自己过于紧张，越紧张越乱。所以，心态平和，才能发挥到最佳状态。"

有的同学说："要想考得好，就需要准备充分。接下来的日子中，我要做好充分的准备，备战中考！"

有的同学说："我因为没有坚持练习跳绳，所以，跳绳出现失利。而跳远，我坚持锻炼，最后成功了。所以，种瓜得瓜，种豆得豆。以后，每周我都要抽时间来完成错题，做错题分析。"

体考只是人生的一次驿站，我们却在这个驿站中收获着人生的成长，一路走过，一路成长！

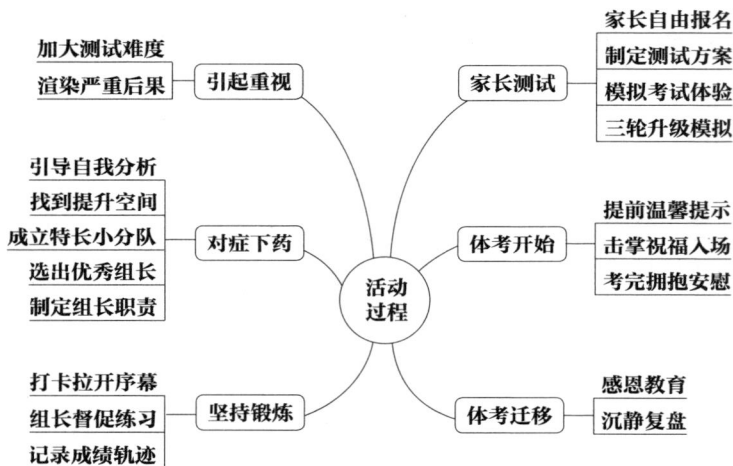

活动过程

- 引起重视：加大测试难度、渲染严重后果
- 家长测试：家长自由报名、制定测试方案、模拟考试体验、三轮升级模拟
- 对症下药：引导自我分析、找到提升空间、成立特长小分队、选出优秀组长、制定组长职责
- 体考开始：提前温馨提示、击掌祝福入场、考完拥抱安慰
- 坚持锻炼：打卡拉开序幕、组长督促练习、记录成绩轨迹
- 体考迁移：感恩教育、沉静复盘

思考碰撞

体育考试，专业的训练应该交给体育老师，作为班主任，我们该做什么？我们能做什么？那就是：第一，调动热情，重视体育。体考只是促进学生终身锻炼的一种策略，所以，以体育考试为契机，让学生了解自己和自身体质存在的具体问题，能自我主动地进行有针对性的体育锻炼。第二，家长参与，共同应考。让我们家长也加入体育锻炼和考试中，带动整个家庭一起为体育

努力，这样更容易养成终生体育意识。第三，模拟情景，实战训练。为了避免考试中束手无策，临场慌乱，所以和家长一起模拟情景，设置情境训练，提高适应能力。第四，迁移体考，指导人生。体考不是目的，而养成终生体育的意识才是关键，用体考来启发学生热爱生活，鼓励学生克服困难，让大家能通过体育，更好地发现自我，提升自我，完善自我，走向更美的人生！

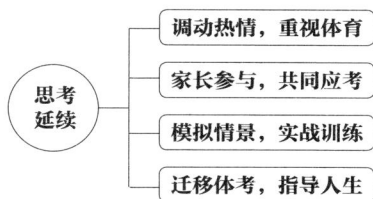

思考延续
- 调动热情，重视体育
- 家长参与，共同应考
- 模拟情景，实战训练
- 迁移体考，指导人生